VIOLACIONES DEL DERECHO A LA DEFENSA EN EL PROCEDIMIENTO SANCIONATORIO VENEZOLANO

FLAVIA PESCI FELTRI

VIOLACIONES DEL DERECHO A LA DEFENSA EN EL PROCEDIMIENTO SANCIONATORIO VENEZOLANO

COLECCIÓN MONOGRAFÍAS
N° 9

Editorial Jurídica Venezolana y
Centro para la Integración y el Derecho Público
(C I D E P)

Caracas, 2018

COLECCIÓN MONOGRAFÍAS

Títulos publicados

© Flavia Pesci Feltri
ISBN Obra Independiente 978-980-365-428-3
Depósito Legal DC2018001010

CENTRO PARA LA INTEGRACIÓN Y EL DERECHO PÚBLICO (CIDEP)
Avenida Santos Erminy, Urbanización Las Delicias,
Edificio Park Side, Oficina 23, Caracas, Venezuela
Teléfono: +58 212 761.7461 - Fax +58 212 761.4639
E-mail: contacto@cidep.com.ve
http://cidep.com.ve   http://cidep.online

Impreso por: Lightning Source, an INGRAM Content company
para Editorial Jurídica Venezolana International Inc.
Panamá, República de Panamá.
Email: ejvinternational@gmail.com

Editorial Jurídica Venezolana
Sabana Grande, Av. Francisco Solano, Edif. Torre Oasis, Local 4, P.B.
Apartado postal 17.598, Caracas 1015-A, Venezuela
Teléfonos: 762.2553/762.3842 - Fax: 763.5239
E-mail: fejv@cantv.net
http://www.editorialjuridicavenezolana.com.ve

Diagramación, composición y montaje
por: Mirna Pinto de Naranjo, en letra Book Antigua 10,
Interlineado 11, mancha 10x16,5

Flavia Pesci Feltri es abogada y especialista en Derecho Constitucional por el Centro de Estudios Constitucionales de Madrid y en Derechos Humanos por la Universidad Complutense de esa misma ciudad. Curso de doctorado en Derecho Administrativo y certificado de investigación por la referida Universidad Complutense. Profesora de Derecho Administrativo en la Universidad Central de Venezuela.

A mi padre
amor y ejemplo

A mis amigos los profesores Cosimina Pellegrino y
Miguel Ángel Torrealba Sánchez motores imprescindibles
de este trabajo, quienes desde sus conocimientos y amistad
me han sabido acompañar entrañablemente.

INTRODUCCIÓN

I. DEL DERECHO A LA DEFENSA ANTE LA ACTUACIÓN SANCIONATORIA DE LA ADMINISTRACIÓN PÚBLICA

1. *La relación jurídica administrativa*

Las relaciones jurídicas se caracterizan porque implican por sí mismas situaciones de poder y de deber, es decir, que cada uno de los sujetos vinculados jurídicamente tiene la facultad de demandar, requerir algo a la otra parte; y esta la obligación de satisfacer, cumplir lo que el otro le exige. Dependiendo de la rama del Derecho que disciplina esa relación, estaremos en presencia de un vínculo jurídico laboral, civil, mercantil, penal; si la regula el Derecho administrativo, será un vínculo jurídico-administrativo.

Las normas de Derecho administrativo son creadas para ordenar las relaciones entre las personas y la Administración pública; y para establecer, asimismo, la organización del actuar administrativo y los parámetros dentro de los cuales puede ejercer su poder, con el objetivo de lograr una convivencia pacífica entre los individuos de una sociedad concreta y garantizar que el ejercicio de la función administrativa se desarrolle promoviendo y respetando los derechos de aquellos.

De tal manera que el Derecho administrativo, como cualquier otra rama del Derecho, prevé situaciones jurídicas generales las cuales se concretarán únicamente cuando se cumpla con la condición o el supuesto que el propio legislador ha establecido previamente.

En efecto, cuando se materializa esa condición legal y un sujeto de derecho (persona natural o jurídica) entra en contacto con la Administración pública se estará en presencia de lo que en la realidad del mundo jurídico se denomina una relación jurídica administrativa.

Dicho de otra manera, cualquier rama del Derecho y concretamente el Derecho administrativo predice situaciones abstractas en las que diseña vinculaciones entre la Administración pública y los particulares y cuando esas situaciones se hacen reales, se hace real también un vínculo, una relación entre un administrado y una Administración pública en la que ambos sujetos de derechos y deberes están unidos recíprocamente[1].

De lo anterior se desprende que, a los fines de calificar una relación jurídica como administrativa es necesario que una de las partes sea una Administración pública; y la otra, una entidad administrativa (relación inter administrativa); o, un particular. Esta última es la que nos interesa a los fines del presente estudio.

Desde los orígenes del Derecho administrativo se ha expresado que la relación jurídica que surge entre administrado y Administración pública es siempre desigual, toda vez que esta última al encarnar un poder, su posición es de superioridad con respecto al particular. De hecho la voz *administrado* quiere significar a alguien que está siendo dirigido, limitado, conducido[2].

---

[1]   *Cfr.* Meier, H. "Aplicación de la teoría de la relación jurídica al estudio del Derecho Administrativo", en *100 años de la Enseñanza del Derecho Administrativo en Venezuela 1090-2009.* Tomo II. Universidad Central de Venezuela. Centro de Estudios de Derecho Público de la Universidad Monteávila. Fundación de Estudios Jurídicos de Derecho Administrativo. Caracas 2011, p. 917.

[2]   El profesor español Antonio Jiménez Blanco nos recuerda lo siguiente: "...la voz administrado parece reflejar una situación pasiva (<súbdito>) que se compadece mal con el hecho de que el ciudadano ostenta frente a la Administración un conjunto de derechos subjetivos e intereses legítimos (artículo 24.1.CE) que en

Si bien es cierto que la Administración pública tiene un conjunto de potestades y consecuentemente de prerrogativas que le permiten imponer su voluntad e incidir en la esfera jurídica de los ciudadanos, también es verdad que estas potestades y prerrogativas existen en tanto en cuanto su sentido y justificación reside en satisfacer las necesidades de esos ciudadanos y en garantizar el ejercicio de sus derechos, protegiendo los intereses generales mediante la prestación de servicios que les permitan a aquellos desarrollarse como seres humanos.

De tal manera que la actuación y el desarrollo de las potestades de la Administración pública, entre ellas la potestad sancionadora, en el ejercicio de sus competencias ha de estar circunscrita **necesariamente** a los parámetros de la norma previa para **garantizar** que en las relaciones con los ciudadanos y administrados se protejan y respeten sus derechos[3].

El vínculo regulado por el Derecho administrativo entre Administración pública y *administrado*[4] no debe suponer que este se encuentre siempre en una relación de pasividad en la que está sometido indefectiblemente a lo que impone la actuación administrativa; antes bien, en algunas circunstancias aquel

---

modo alguno responden a aquella idea. Jiménez-Blanco, A. "Los sujetos de la relación jurídico-administrativa", en pp. 299 y ss., en Luciano Parejo, Luis Ortega Álvarez, Antonio Jiménez Blanco: *Manual de Derecho Administrativo*. Tercera Edición corregida y puesta al día. Ariel Derecho. Barcelona 1994.

3   *Vid.* Henrique Meier: "Aplicación de la teoría de la relación jurídica al estudio del Derecho Administrativo". *Ob. cit.,* p. 912.

4   Para evitar la interpretación según la cual el vocablo administrado significa en sí mismo sometimiento, se prefiere hoy en día utilizar términos como "particular", "ciudadano", "persona"; sin embargo, en el presente trabajo se utilizan todos los términos, inclusive el de administrado, dándoles el mismo e idéntico significado porque se parte de la premisa según la cual la persona, el administrado, el ciudadano, el particular, el individuo, en definitiva, el ser humano, tiene frente a la Administración pública un conjunto de derechos e intereses inherentes e inviolables que deben ser garantizados y respetados por aquella ya que su razón de ser es, precisamente, servir al ciudadano.

será sujeto activo y en otras, sujeto pasivo al igual que la Administración pública[5].

Efectivamente, el ciudadano tiene un conjunto de derechos cuando se vincula jurídicamente con la Administración, entre los cuales se encuentran:

a) los *derechos de libertad*, que solamente pueden ser limitados o disminuidos por parte de la actuación administrativa cuando una norma previa específicamente así lo establezca;

b) los *derechos de participación* que están directamente vinculados con el derecho político de escoger a los representantes en el poder o de ser escogidos; y con el derecho a intervenir y colaborar en los asuntos públicos ejerciendo la llamada ciudadanía; y, finalmente;

c) el *derecho a la prestación de servicios públicos* que implica exigir a la Administración Pública la ejecución de cier-

---

[5] "En el Estado democrático de Derecho la consecuencia directa e inmediata del postulado de los Derechos Humanos es la sustitución de las antiguas relaciones de poder, típicas de las antiguas formas autoritarias del Estado, por nuevas relaciones reguladas por el Derecho. Esas nuevas relaciones se caracterizan porque la Administración Pública ya no se va a presentar dotada de un poder de imperium, sin límites precisos, sino como sujeto de derecho, que, aun cuando se halle en situación de supremacía respecto del particular en virtud de la tutela del interés público, carece de legitimidad para actuar más allá de las facultades y atribuciones que el ordenamiento jurídico le apodera (Principio de legalidad).

Además, la operatividad del concepto de ciudadano titular de unos derechos subjetivos (derechos de rango constitucional y supraconstitucional), oponibles a la actuación de la Administración, conduce también a la valoración del particular como un sujeto de derecho, y en tal carácter titular de una posición jurídica activa. Deja de ser el objeto pasivo de una acción que se impone de manera forzosa (la noción de administrado)". Henrique Meier: "Aplicación de la teoría de la relación jurídica al estudio del Derecho Administrativo". *Ob. cit.*, p. 927.

tas actividades de tipo prestacional de forma regular y continúa dirigidas a satisfacer las necesidades colectivas y garantizar los derechos de libertad y los derechos sociales.

Tales derechos se fundamentan en un elenco de principios constitucionales que necesariamente deben justificar y sostener la actuación de la Administración pública en sus relaciones jurídicas con el ciudadano:

1) El *principio de legalidad*, vale decir, la obligatoriedad de que toda actuación administrativa sea consecuencia de una previsión jurídica previa, premisa que justifica justamente la existencia misma de la Administración pública (artículos 7 y 137 CRBV);

2) El *principio del debido proceso* que exige garantizar los derechos de defensa del ciudadano (artículo 49 CRBV);

3) El *control jurisdiccional* que significa el sometimiento de la actuación de los poderes públicos al control imparcial y autónomo de los tribunales (artículos 259 y 266 CRBV);

4) La *satisfacción de los intereses generales* como finalidad última en el ejercicio de la actuación administrativa que se traduce en la obligatoriedad de que toda Administración pública en el ejercicio de su función administrativa debe garantizar, con eficacia y objetividad, los derechos de las personas y crear las condiciones para que todos los administrados, sin exclusión alguna, puedan desarrollar su personalidad y libertades (artículos 2, 3, 141 CRBV);

5) El *principio de imparcialidad* del actuar administrativo ante el ciudadano, así como el de la confianza legítima (artículo 145 CRBV), principios que se complementan con el derecho-deber del ciudadano de colaborar y participar en los asuntos públicos que le conciernen a él y a su colectividad (artículos 55, 62, 67, 70, 102, 135, 141 CRBV); y, finalmente,

6) El de *responsabilidad del Estado* que surge con ocasión de los daños que la actuación administrativa pudiera provocar en la esfera jurídica de los particulares y que éstos no están en la obligación legal de soportar (artículos 25, 140, 259, 281.2 CRBV).

Todos estos principios de rango constitucional son garantías de ineludible cumplimiento que proporcionan el ámbito en el que deben desarrollarse las relaciones jurídicas entre ciudadano y Administración pública y su materialización, en cada caso concreto, constituyen el norte necesario del actuar administrativo.

Ahora bien, se quiere abordar a lo largo del presente trabajo la importancia del debido proceso y el derecho a la defensa del administrado en las relaciones jurídicas que se instauran entre aquel y la Administración cuando esta desarrolla su potestad sancionadora a los fines de conocer mediante el análisis del Decreto Ley de Aeronáutica Civil, el Decreto Ley de Contrataciones Públicas y el Decreto Ley de Precios Justos si los mencionados derechos han sido o no garantizados por los poderes públicos del Estado venezolano.

En tal sentido, se pretende en este estudio analizar los procedimientos sancionatorios previstos en los referidos textos legislativos, los cuales han sido escogidos porque tienen en común la previsión legal de las llamadas sanciones de "plano"; así como, revisar y comentar la jurisprudencia emitida por el Tribunal Supremo de Justicia en torno a los criterios que ha emitido sobre la inconstitucionalidad o no de las referidas sanciones cuando ha tenido que resolver las demandas de nulidad por inconstitucionalidad presentadas por los administrados sancionados como consecuencia de la aplicación de tales leyes.

2. *El derecho a la defensa y el procedimiento administrativo como garantía esencial de aquel ante la actuación sancionatoria de la Administración pública*

Siguiendo la tradición constitucional venezolana, nuestra Carta Magna vigente consagra en el artículo 49 el debido proceso, derecho fundamental al que el constituyente atribuyó un conjunto de derechos-garantías, entre ellas el derecho a la defensa de los ciudadanos, cuyo respeto y materialización es de obligado cumplimiento por parte de todos y cada uno de los poderes públicos que conforman el Estado venezolano.

En el marco de un Estado de derecho concebido expresamente para someter el ejercicio del poder a normas jurídicas previamente establecidas, el derecho a la defensa aparece como inviolable y sagrado; es, en sí mismo, un principio absoluto que ordena la actuación tanto de los jueces como de la Administración en el ejercicio de sus funciones jurisdiccionales y sancionatorias, a lo largo de los procesos y procedimientos que respectivamente aquellos desarrollan.

Concretamente y de conformidad con los artículos 19, 25 y 49 constitucionales, todos los órganos y entes que conforman la Administración pública están en la obligación de resguardar el debido procedimiento administrativo y el derecho a la defensa lo que conlleva a que, en el desarrollo de los procedimientos, se ejecuten cada una de las actuaciones dirigidas a permitirle a la persona su efectiva y legítima defensa antes de que el órgano decisor dicte el acto administrativo.

El derecho a la defensa, es pues, una institución sobre la que se sustenta todo el engranaje del ejercicio del Poder Público en función de la protección de las libertades del ciudadano conformando, junto con otros derechos constitucionales, un elemento esencial que permite el debido proceso; es, en otros términos, un derecho humano protegido constitucionalmente y establece la premisa sobre la que debe actuar la Administración pública, razón por la cual ha de ser necesariamente promovido por esta cuando se relaciona con el administrado en todas aquellas situaciones en las que interviene en su esfera jurídica limitando sus derechos o ampliando sus deberes.

Siendo que, en el marco de un Estado de derecho, el poder está sometido a lo que se denomina el bloque de constitucionalidad a los fines de evitar la arbitrariedad y el abuso del poder contra las libertades y los derechos de las personas, se ha previsto que las decisiones que dicte la Administración en el ejercicio de su función administrativa para que sean consideradas válidas, es decir conforme a derecho, tienen que estar precedidas del desarrollo previo del procedimiento administrativo.

17

El procedimiento administrativo, especialmente el sancionatorio cuyo objeto es determinar el incumplimiento o no de una norma de Derecho administrativo, se erige entonces como una institución esencial cuya causa y fin es la garantía del derecho a la defensa del particular ya que está concebido, precisamente, para delimitar la actuación administrativa e impedir que en el desarrollo de la misma el órgano u ente administrativo abuse del ejercicio de su poder.

El conjunto de actos jurídicos previos que conforman todo procedimiento administrativo pretende asegurar que la Administración emane su voluntad únicamente después de que el particular haya participado en el mismo ejerciendo sus defensas y llevando las pruebas que sustentan sus alegatos; voluntad del órgano administrativo que debe ser producto de un análisis claro de todos y cada uno de los hechos y derechos aportados en el curso del procedimiento administrativo.

Es, por tanto, de la propia naturaleza jurídica del procedimiento administrativo y, particularmente, del procedimiento sancionatorio levantarse como un cauce ineludible del ejercicio de la función administrativa, que tiene como fin garantizar, absolutamente y sin excepciones, el derecho a la defensa de los particulares que se vinculan con la Administración.

Las consideraciones anteriores en torno a los parámetros dentro de los cuales ha de relacionarse la Administración con el ciudadano son las que se derivan de la implementación del Estado social y democrático de derecho y de justicia, modelo de Estado que consagra la Constitución de 1999 en su artículo 2.

Ahora bien, con la llegada del chavismo al poder y a partir de la entrada en vigencia de la Constitución de 1999[6], se han venido ejecutando, de manera gradual y coordinada desde el gobierno, políticas dirigidas a pulverizar el Estado de derecho en Venezuela.

---

[6]   Propuesta por Hugo Chávez Frías y aprobada por una asamblea constituyente que nació írrita al violarse la Constitución de 1961.

Es decir, desde 1999 el gobierno y los poderes públicos han venido transformando el modelo de Estado social y democrático de derecho y de justicia por un régimen autoritario que concentra cada vez más poder en cabeza del Ejecutivo.

Como la reciente historia lo ha demostrado, un Estado que se pretende erigir en socialista para luego transitar hacia un supuesto comunismo, no es compatible con las libertades individuales, antes bien estas constituyen un obstáculo para la instauración del mismo.

De ahí que al ser el debido proceso y el derecho a la defensa claros límites al ejercicio del Poder, estas instituciones fundamentales del Estado de derecho se han limitado progresivamente en muchos de los ámbitos de actuación de los poderes públicos en su relación con los particulares.

En el caso concreto de este trabajo, se quiere centrar el estudio en cómo el derecho a la defensa y el debido proceso que deben asistir al administrado cuando se enfrenta a la potestad sancionadora de la Administración han sido disminuidos y, en muchas ocasiones eliminados, debido a la actuación coordinada de los poderes públicos venezolanos que han pretendido aumentar el poder de control de la Administración sobre la actuación económica y jurídica de los particulares, debido a que el fin último del modelo de Estado socialista -impuesto en contra de la Constitución-, exige la apropiación de los medios de producción por parte del Estado y la consecuente eliminación de la iniciativa privada.

En función de lo anterior, el legislador y el ejecutivo han dictado leyes y decretos leyes que prevén procedimientos sancionatorios contrarios al debido proceso en cuanto impiden el ejercicio adecuado del derecho a la defensa; por su parte, los órganos y entes administrativos han ejecutado tales procedimientos sin resguardar el referido derecho, bajo la justificación de que la ley los autoriza para ello; y, finalmente, los órganos jurisdiccionales competentes han admitido el desarrollo de estos procedimientos declarando que, tal y como están concebidos, se garantiza el debido proceso consagrado en el artículo 49 constitucional.

Ya se anunció que se estudiarán los procedimientos sancionatorios previstos en las normativas de aeronáutica civil, contrataciones públicas y de precios justos vigentes desde 1999, para determinar si tales procedimientos garantizan efectivamente el derecho a la defensa.

La escogencia de las leyes mencionadas se debe a un conjunto de razones.

La primera es que todas ellas tienen como objeto la limitación del ejercicio de las actividades económicas de los particulares y otorgan a la Administración pública amplias potestades de control sobre la libertad económica de aquellos.

En segundo lugar, tienen en común que a las autoridades administrativas correspondientes se les atribuye la potestad de imponer sanciones sin que sea obligatorio el desarrollo previo del procedimiento sancionador, por lo que todas prevén las llamadas sanciones de "plano".

Asimismo, la normativa de aeronáutica civil pero especialmente la de contrataciones públicas y precios justos han sido objeto de numerosas reformas desde 1999, las cuales han estado dirigidas a ampliar considerablemente las potestades de control de la Administración pública.

También porque al revisar las decisiones de la jurisdicción contencioso administrativa relativas a la inconstitucionalidad de las normas escogidas por ser violatorias del debido proceso y del derecho a la defensa, se ha obtenido un número de sentencias que han admitido la previsión legal de las sanciones sin procedimiento previo.

Y, finalmente, porque cada una de ellas, bien en su primera promulgación o en sus sucesivas reformas, fueron dictadas por el Poder ejecutivo en función de las distintas habilitaciones legislativas[7] que le hizo al Presidente de la República la Asam-

---

[7] Leyes Habilitantes dictadas entre 1999 y 2015: *Ley Habilitante* publicada en Gaceta Oficial N° 36.687 del 26 de abril de 1999; *Ley*

blea Nacional quien, contrariando la Constitución vigente y principios constitucionales fundamentales como el de división de poderes, cedió su función principal de legislar con las consecuencias lamentables que se han derivado de dichas habilitaciones en contra de los derechos de todos los ciudadanos[8].

Habilitante publicada en Gaceta Oficial N° 37.076 del 13 de noviembre de 2000; *Ley Habilitante* publicada en Gaceta Oficial N° 38.617 del 02 de febrero de 2007; *Ley Habilitante* publicada en Gaceta Oficial N° 6.009 del 17 de diciembre de 2010; *Ley Habilitante* publicada en Gaceta Oficial N° 6.112 del 19 de noviembre de 2013.

[8] Para profundizar en torno a los efectos contrarios y violatorios de los derechos fundamentales de los ciudadanos como consecuencia de las diversas habilitaciones legales que ha tenido el Ejecutivo venezolano para legislar, se recomienda ampliamente la lectura de los trabajos incluidos en la *Revista de Derecho Público N° 140*, octubre-diciembre 2014, dedicada exclusivamente a los decretos leyes dictados en el año 2014. En especial, recomendamos la lectura de los artículos siguientes: Antonio Silva Aranguren y Gabriel Sira Santana: "Decretos Leyes dictados por el Presidente de la República, con base en la Ley Habilitante, en el periodos 2013-2014"; Luis Alfonso Herrera: "¿Es necesaria la figura de la Ley Habilitante en el ordenamiento jurídico venezolano?"; Alejandro Gallotti: "La reiterada inobservancia a los límites de la delegación legislativa"; Armando Luis Blanco Guzmán: "Análisis sobre la constitucionalidad de los Decretos Ley Orgánicos"; Cosimina Pellegrino: "La Publicación y eficacia de los Decreto con fuerza de Ley dictados por el Presidente de la República en el marco de la ley habilitante de 2013"; todos publicados en la *Revista de Derecho Público* N° 140, octubre-diciembre 2014. Editorial Jurídica Venezolana. Caracas 2015.

CAPÍTULO I

EL DERECHO A LA DEFENSA Y LA POTESTAD SANCIONADORA DE LA ADMINISTRACIÓN PÚBLICA

Amenazado en su existencia, en su cuerpo, en su vida por un ataque exterior, el individuo se pone en Estado de defensa, rechaza la fuerza por la fuerza (coacción propulsiva). La Naturaleza, que ha creado al hombre, que lo ha dotado del instinto de conservación, ha querido ella misma esta lucha: todo ser por ella creado debe mantenerse por su propia energía; el animal lo mismo que el hombre. Puro hecho físico en el animal, este acto reviste para el hombre un carácter moral. El hombre no sólo se defiende, sino que siente que puede y debe defenderse. Es la legítima defensa. Constituye éste un derecho y un deber: es un derecho en tanto que el sujeto existe para sí mismo; es un deber en tanto que existe para el mundo. Por eso no teniendo el animal conciencia de su existencia para sí mismo y para el mundo, la noción de legítima defensa no se aplica más que al hombre. Negar al hombre el derecho a la legítima defensa, ponerle trabas es rebajarlo más que el animal[9]

---

[9]   Von Ihering, R. *El Fin en el Derecho.* Editorial Atalaya. Buenos Aires 1946, p. 129.

I. EL DERECHO A LA DEFENSA EN EL ORDENAMIENTO JURÍDICO VENEZOLANO

Ante el posible juzgamiento moral, afectivo o social que el prójimo pueda hacer de nuestros comportamientos, surge en todas las personas un sentimiento de justificar y explicar el origen de los mismos para convencer al crítico observador que los efectos de tales acciones son lógicos y razonables. Esta necesidad de que se nos escuche es impelida por el sentido de dignidad y de justicia inherente y común a cada uno de los seres humanos.

La exigencia de fundamentar nuestras acciones ante el ojo censor para que eventualmente los comprenda, debe ser satisfecha, pues lo contrario afecta lo más profundo de nuestro ser al surgir la convicción íntima de que se nos ha clasificado o calificado injustamente, por no habérsenos dado la oportunidad de explicarnos y defendernos.

Si ello es así en el ámbito de las relaciones morales, afectivas y sociales, más aún se hace necesario en las relaciones jurídicas por cuanto de las mismas surgen consecuencias jurídicas que afectan de manera contundente nuestros derechos y nuestros deberes.

El derecho a la defensa es una de las consecuencias naturales de la afirmación según la cual todos los seres humanos nacen libres y, por tanto, titulares de derechos y deberes; el ejercicio de la libertad lleva consigo el derecho a defenderla cuando la misma corra el riesgo de ser limitada por la imposición de un comportamiento o sanción proveniente de la fuerza pública.

A partir del momento en el cual existe la sospecha de que un ciudadano, titular de derechos y deberes, ha violado una norma y, por tanto, es posible merecedor de una coacción dirigida a limitar su libertad, desde ese instante surge el derecho de aquel de convencer a quien lo juzga de que los hechos no se produjeron en la realidad; o no son violatorios del ordenamiento jurídico; o que los mismos se encuentran amparados por el derecho.

El gran jurista venezolano Luis Loreto nos comenta al respecto que:

> El derecho a la defensa no puede concebirse de otro modo sino como una manifestación actual de la esfera jurídica del sujeto; como la idea de su derecho a la libertad actuándose en función del proceso. Tal derecho no constituye un núcleo de poderes autónomos, **sino que es una de las metamorfosis del derecho fundamental a la libertad individual.** Cuando el Estado pretende invadir la esfera de valores y bienes reservados a nuestra libre e incondicionada disponibilidad, con el fin de restaurar el orden jurídico e imponer la sanción, es que aparece nuestra contraprestación concreta dirigida a demostrar que la pretensión del Estado es ilegítima, total o parcialmente, y que su actitud es antijurídica. La defensa es la vía legal, el medio adecuado para poner en movimiento la contraprestación individual. **Si ella se negase, las normas que garantizan la libertad individual estarían desprovistas de sentido y vacías de energía creadora** (resaltado nuestro)[10].

El ejercicio de la defensa es el derecho de todo ciudadano de ser escuchado por la autoridad pública competente ante la posibilidad de que esta considere que el comportamiento de aquel viola el orden jurídico establecido.

En un Estado de derecho cuyo fundamento es garantizar los derechos de las personas, sus libertades y eliminar la arbitrariedad del poder, constituye un elemento definidor del mismo el que cada individuo pueda, ante la autoridad competente, ejercer todas las acciones que le permitan demostrar que su actuación está amparada por la norma o no es contraria a ella.

---

[10]   Luis Loreto: "Garantía de la defensa", en *Ensayos Jurídicos*. Ediciones Fabreton-Esca. Caracas 1970, p. 484.

En este sentido, citamos de nuevo al maestro Loreto quien nos comenta que:

> Suplantado el Estado absolutista por el Estado de derecho, cambió profundamente la posición del individuo ante la Ley, y se introdujo como secuela del postulado a la libertad, la garantía de su defensa. El principio del reparto del mundo jurídico en dos esferas de competencias reservadas al individuo y al Estado, respectivamente, fundamento del derecho público moderno, impuso la necesidad de otorgar al primero el derecho de justificar ante el segundo los móviles de sus actos y la adecuación de su conducta a los principios del régimen jurídico en vigor[11].

Ahora bien, el derecho a la *defensa administrativa* contrariamente a los propios postulados del Estado de derecho que se implementaron a raíz de la Revolución francesa, no fue asumido inmediatamente por la Administración pública sino que hubo que esperar el desarrollo progresivo del propio Derecho administrativo y de sus instituciones para que se configurara la idea según la cual su ejercicio, además de ser garantizado ante los tribunales, debía también reconocerse cuando el particular se relacionara jurídicamente con la Administración pública. Al respecto se ha dicho que:

> Prácticamente, durante sus primeros años, el ejercicio de la función administrativa se incorporaba dentro de una especie de oscurantismo institucional que negaba cualquier posibilidad de discusión previa con la administración de sus argumentos y los de las personas que pudieren resultar afectadas con sus futuras decisiones de carácter individual. Como lo señala el Profesor Brewer-Carías la Administración se había hecho depositaria de todos los poderes, potestades y derechos quedando el particular simplemente en situación de deber, sujeción y subordinación sin tener realmente derechos. ..."ni mecanismos para exigir la garantía de su derecho"...

> La administración se colocaba en posición de superioridad y exorbitancia respecto de los asociados. Sus pronunciamientos se caracterizaban por la unilateralidad en su formación, co-

---

[11]   *Ibídem.*, p. 483.

rrespondiendo prácticamente al ejercicio de sus propias razones, ante la ausencia de controversia, réplica o argumentación por parte de los sujetos pasivos de sus decisiones.

La reacción del Estado de derecho frente a estas concepciones que implicaban una prolongación de la ideología absolutista en el ejercicio de la función administrativa, no tardó en consolidarse en la doctrina y en el pensamiento jurídico de quienes depuraban las instituciones del nuevo Estado, y, hallaban en su esencia la necesidad permanente de garantizar los derechos ciudadanos en cada una de las manifestaciones del poder. En este sentido, tratándose de la función administrativa, se comienza a plantear la necesidad de la presencia previa del sujeto pasivo de futuras decisiones, como un presupuesto necesario para la defensa de sus intereses frente a las autoridades[12].

Con el desarrollo de las interpretaciones en torno al significado más profundo del Estado de derecho y del reconocimiento de los derechos ciudadanos, se impone entonces la obligación de crear mecanismos para que la actuación administrativa se desenvuelva bajo el principio de legalidad por lo que se establece el cauce procedimental, el procedimiento administrativo, como la manera de formalizar el ejercicio de la función administrativa y de establecer dentro del mismo las garantías necesarias y suficientes que permitan al administrado expresar y defender sus posturas en sede administrativa.

1. *Definición y regulación del derecho a la defensa*

El artículo 49 de la Constitución venezolana vigente prevé el derecho al debido proceso, cuyo contenido comprende un conjunto de principios derivados de valores fundacionales del Estado constitucional que se erigen, a su vez, como derechos inherentes de las personas que, como tales, deben ser necesariamente respetados en cualquier proceso judicial o procedimiento que se desarrolle ante la Administración pública.

---

[12] Jaime Orlando Santofimio: "El derecho a la defensa en las actuaciones administrativas", en *IV Jornadas Internacionales de Derecho Administrativo "Allan Randolph Brewer-Carías. La relación jurídico administrativa y el procedimiento administrativo.* Fundación de Estudios de Derecho Administrativo. Caracas 1998.

Tales principios conformadores del debido proceso son: la defensa; la segunda instancia y la presunción de inocencia; ser oído con todas las debidas garantías en un tiempo razonable; ser juzgado por los jueces naturales; y, finalmente, no declarar contra sí mismo.

Cada uno de estos principios ha de regir cualquier tipo de juzgamiento de los poderes públicos del Estado y son, además de principios conformadores de la actuación de juzgamiento por parte de aquel, verdaderos derechos fundamentales que se encuentran garantizados en nuestro texto constitucional y en los tratados internacionales[13] de derechos humanos suscritos y ratificados por nuestra República.

En efecto, el artículo 49 constitucional, señala con mucha precisión y claridad los derechos enunciados y hace una afirmación fundamental al establecer que los derechos contenidos en dicha disposición deben conducir todas las actuaciones judiciales y administrativas[14]:

Artículo 49. El debido proceso se aplicará a todas las actuaciones judiciales y administrativas; en consecuencia:

1. La defensa y la asistencia jurídica son derechos inviolables en todo Estado y grado de la investigación y del proceso. Toda persona tiene derecho a ser notificada de los cargos por los cuales se le investiga; de acceder a las pruebas y de disponer del tiempo y de los medios adecuados para ejercer su defensa. Serán nulas las pruebas obtenidas median-

---

[13] El artículo 8 de la *Convención Americana de Derechos Humanos,* así como el artículo 14 del *Pacto Internacional de los Derechos Civiles y Políticos,* regulan el debido proceso el cual incluye naturalmente el derecho a la defensa.

[14] En la Constitución venezolana de 1961 se establecía en el artículo 68: "Todos pueden utilizar los órganos de la administración de justicia para la defensa de sus derechos e intereses en los términos y condiciones establecidos por la ley, la cual fijará normas que aseguren el ejercicio de este derecho a quienes no dispongan de medios suficientes. La defensa es un derecho inviolable en todo estado y grado del proceso".

te violación del debido proceso. Toda persona declarada culpable tiene derecho a recurrir del fallo, con las excepciones establecidas en esta Constitución y la ley.

2. Toda persona se presume inocente mientras no se pruebe lo contrario.

3. Toda persona tiene derecho a ser oída en cualquier clase de proceso, con las debidas garantías y dentro del plazo razonable determinado legalmente, por un tribunal competente, independiente e imparcial establecido con anterioridad. Quien no hable castellano o no pueda comunicarse de manera verbal, tiene derecho a un intérprete.

4. Toda persona tiene derecho a ser juzgada por sus jueces naturales en las jurisdicciones ordinarias o especiales, con las garantías establecidas en esta Constitución y en la ley. Ninguna persona podrá ser sometida a juicio sin conocer la identidad de quien la juzga, ni podrá ser procesada por tribunales de excepción o por comisiones creadas para tal efecto.

5. Ninguna persona podrá ser obligada a confesarse culpable o declarar contra sí misma, su cónyuge, concubino o concubina, o pariente dentro del cuarto grado de consanguinidad y segundo de afinidad.

    La confesión solamente será válida si fuere hecha sin coacción de ninguna naturaleza.

6. Ninguna persona podrá ser sancionada por actos u omisiones que no fueren previstos como delitos, faltas o infracciones en leyes preexistentes.

7. Ninguna persona podrá ser sometida a juicio por los mismos hechos en virtud de los cuales hubiese sido juzgada anteriormente.

8. Toda persona podrá solicitar del Estado el restablecimiento o reparación de la situación jurídica lesionada por error judicial, retardo u omisión injustificados. Queda a salvo el derecho del o de la particular de exigir la responsabilidad personal del magistrado o de la magistrada, del juez o de la jueza; y el derecho del Estado de actuar contra estos o estas.

Se observa de la lectura del artículo 49 transcrito que el contenido y configuración del derecho constitucional al debido proceso es complejo, ya que está conformado por una serie de garantías y derechos que han de ser satisfechos en su totalidad para que efectivamente el mismo se materialice.

Con relación a la complejidad referida, el Máximo Órgano Jurisdiccional venezolano ha sostenido en reiterada jurisprudencia que:

> [...] la doctrina comparada, al estudiar el contenido y alcance del derecho al debido proceso ha precisado que se trata de un derecho complejo que encierra dentro de sí, un conjunto de garantías que se traducen en una diversidad de derechos para el procesado, entre los que figuran, el derecho a acceder a la justicia, el derecho a ser oído, el derecho a la articulación de un proceso debido, derecho de acceso a los recursos legalmente establecidos, derecho a un tribunal competente, independiente e imparcial, derecho a obtener una resolución de fondo fundada en derecho, derecho a un proceso sin dilaciones indebidas, derecho a la ejecución de las sentencias, entre otros, que se vienen configurando a través de la jurisprudencia. Todos estos derechos se desprenden de la interpretación de los ocho ordinales que consagra el artículo 49 de la Carta Fundamental.

> Tanto la doctrina como la jurisprudencia comparada han precisado, que este derecho no debe configurarse aisladamente, sino vincularse a otros derechos fundamentales como lo son, el derecho a la tutela efectiva y el derecho al respeto de la dignidad de la persona humana[15].

Se ha dicho también que el debido proceso constituye: "la piedra angular de las garantías y conceptos orientadores de las actuaciones administrativas, en la práctica se estructura como una fuente importante de garantías constitucionales e interpre-

---

[15] Sala Político Administrativa del Tribunal Supremo de Justicia. Sentencia N° 00242 del 13 de febrero de 2002; Sala Político Administrativa del Tribunal Supremo de Justicia. Sentencia N° 02742 del 20 de noviembre del 2001. Página Web del Tribunal Supremo de Justicia. http://www.tsj.gob.ve/. Consultada el 22/2/2015.

tación del ordenamiento jurídico, que invita a no violentar los derechos de los particulares y lograr la certeza, por parte de la administración, en cuanto a su conducta oficial"[16].

De conformidad con lo anterior, el debido proceso es, conjuntamente con el derecho de acceso a la justicia[17], una de las garantías constitucionales primordiales en el ámbito del derecho procesal dirigida a proteger la libertad y los derechos de las personas ante la actuación del Poder, lo cual se materializa mediante la regulación previa de un *proceso* que determine los límites de actuación de la autoridades públicas como el establecimiento de los derechos y deberes que deben asegurarse a los sujetos procesales.

El *proceso* es, en consecuencia, una institución constitucional esencial concebida como mecanismo para la resolución de los conflictos que surjan entre los ciudadanos y entre estos y el poder público, mediante la aplicación de las normas al caso concreto, es decir, mediante la administración de la justicia, tal y como lo dispone con suma claridad la Constitución cuando expresa en su artículo 257 que "El proceso constituye un instrumento fundamental para la realización de la justicia".

La justicia se logra entonces sólo a través del proceso y para ello es indispensable que el mismo sea "debido", vale decir, se garanticen y se cumplan en su desarrollo la totalidad de los derechos fundamentales previstos en el artículo 49 constitucional, entre ellos el derecho humano a la defensa que es, a su vez, causa y contenido del derecho al debido proceso.

---

[16] Jaime Orlando Santofimio: "El derecho a la defensa en las actuaciones administrativas", *Ob. cit.*, p. 267.

[17] Víctor Rafael Hernández-Mendible: "Los derechos constitucionales procesales", en *El Contencioso Administrativo y los Procesos Constitucionales*. Colección Estudios Jurídicos N° 92, Editorial Jurídica Venezolana. Caracas 2011, p. 94.

La idea fundamental que resulta evidente con la previsión constitucional del derecho a la defensa y de todas las garantías que se consagran para satisfacer de manera apropiada el debido proceso es, precisamente, que cualquier ciudadano sometido al juicio del Poder Público, sea este judicial o administrativo, tenga el derecho de participar en el marco de un cauce procedimental (proceso o procedimiento) previamente establecido, dentro del cual se le dé la oportunidad no sólo de conocer las razones que originaron las actuaciones objeto de su juzgamiento; sino que pueda expresar también las consideraciones de hecho y de derecho que crea oportuno alegar; así como aportar las pruebas pertinentes que soporten sus razonamientos; y, finalmente, que el órgano decisor tome en cuenta todas los argumentos y pruebas aportados ante él.

El maestro Moles Caubet señalaba con meridiana claridad que el derecho a la defensa es, de los bienes jurídicos, un bien superior debido a que el mismo afecta "a los mayores bienes humanos: la vida, la libertad, el honor y el patrimonio"[18]. Asimismo, refería que el derecho a la defensa comporta dos aspectos complementarios que lo configuran y lo definen:

1) El *derecho a ser oído*[19]; y,

---

[18] Antonio Moles Caubet: "Introducción al procedimiento administrativo", en *El Procedimiento Administrativo. Archivo de Derecho Público y Ciencias de la Administración*. Vol. IV. 1980-1981. Universidad Central de Venezuela. Facultad de Ciencias Jurídicas y Políticas. Caracas 1983, p. 23.

[19] "El primer aspecto lo expresa la regla tradicional del *audire alteram partem*, o derecho a ser oído, que la jurisprudencia inglesa y después la norteamericana han considerado derivada de la 'justicia natural', inmanente de la conciencia humana, sin necesidad de reglas escritas. Por ello, los tribunales ingleses en una famosa sentencia del siglo XVIII, expresa que el propio Yavé Dios, no expulsó a Adán y Eva del Paraíso sin antes haber oído sus exculpaciones. 'Es una regla fundada en los principios esenciales de justicia natural, más vieja que las constituciones escritas, la que dispone que un ciudadano no puede ser privado de su vida, de su libertad o de su propiedad sin haber tenido antes ocasión de ser oído para

2) El *carácter contradictorio* que debe tener el procedimiento[20].

Al respecto, ha dicho la Sala Constitucional del Tribunal Supremo de Justicia que:

El derecho a la defensa y al debido proceso constituyen garantías inherentes a la persona humana y, en consecuencia, aplicables a cualquier clase de procedimientos. El derecho al debido proceso ha sido entendido como el trámite que permite oír a las partes, de la manera prevista en la Ley, y que ajustado a derecho otorga a las partes el tiempo y los medios adecuados para imponer sus defensas.

---

la defensa de sus derechos', expresa un texto norteamericano (*Comité de L'Attonney General*, 1911).

Esta necesidad de ser oído, después de cualquier imputación, lleva como consecuencia al concepto correlativo de procedimiento. Así, el ilustre jurista y magistrado de la Corte Suprema de Justicia de los Estados Unidos, Frankfurter, ha dicho en una de sus luminosas sentencias que 'la historia de la libertad ha sido en gran medida, la historia de la observancia de las salvaguardas del procedimiento'.

La Constitución de los Estados Unidos de América tiene establecido el 'debido procedimiento legal', y aun cuando éste no ha sido definido de una manera abstracta sino concretamente en cada caso, un comentarista, Webster, aclara que se trata de un principio de ley, en virtud del cual se procede tras indagación y se falla sólo después del proceso. Ello es válido tanto en el orden judicial como en el orden administrativo". *Ibídem*, p. 23.

[20] "El segundo aspecto del derecho a la defensa se encuentra en el carácter contradictorio que debe tener el procedimiento, siempre y cuando pueda resultar del mismo alguna medida que comporte una sanción, la lesión a un derecho subjetivo, la alteración de cualquier situación jurídica o un atentado a los intereses materiales o morales. Ello es así para cualquier persona, tanto si se le aplicaran tales medidas ablatorias sin procedimiento alguno, como si pudieran quedar afectadas por cualquier procedimiento promovido, sea de oficio o a instancia de parte". *Ibídem*, p. 23.

En cuanto al derecho a la defensa, la Jurisprudencia ha establecido que el mismo debe entenderse como la oportunidad para el encausado o presunto agraviado de que se oigan y analicen oportunamente sus alegatos y pruebas.

En consecuencia, existe violación del derecho a la defensa cuando el interesado no conoce el procedimiento que pueda afectarlo, se le impide su participación o el ejercicio de sus derechos, o se le prohíbe realizar actividades probatorias[21].

Ahora bien, el derecho a la defensa como una de las garantías constitutivas del debido proceso no sólo es -como ya se adelantó- un derecho que acompaña a los ciudadanos cuando son juzgados en los tribunales, sino que lo asiste ante cualquier actuación o relación jurídica que se instaure con los poderes públicos.

En tal sentido, el constituyente de 1999 tuvo a bien recoger la doctrina y jurisprudencia venezolanas de las últimas décadas y estableció que las garantías del artículo 49 constitucional y, entre ellas, el derecho a la defensa **debían** ser honradas no sólo en los procesos judiciales sino también en los procedimientos administrativos[22].

---

[21] Sala Constitucional del Tribunal Supremo de Justicia. Sentencia N° 05 del 24 de enero de 2001. Página Web del Tribunal Supremo de Justicia. http://www.tsj.gob.ve/. Consultada el 22/2/2015.

[22] El constituyente de 1999 aseguró los criterios jurisprudenciales que se habían desarrollado en décadas anteriores en los que se expresaba que el derecho a la defensa, consagrado en el artículo 68 de la Constitución de 1961, era un derecho que debía ser garantizado en sede administrativa. Tomemos como ejemplo la sentencia de la Sala Político Administrativa de la extinta Corte Suprema de Justicia, en el caso *Luis Benigno Avendaño Fernández* vs. *Ministerio de la Defensa* de fecha 17 de noviembre de 1983, en la que se disponía en materia sancionatoria lo siguiente: "...para la imposición de sanciones, es principio general de nuestro ordenamiento jurídico que el presunto infractor debe ser notificado previamente de los cargos que se le imputan y oírsele para que pueda ejercer su derecho de defensa, antes de ser impuesta la sanción correspondiente. Bien sea ésta última de naturaleza penal, administrativa o disciplinaria tiene base el citado principio en la garantía in-

Es lo que se llama el derecho a la defensa en materia administrativa e implica, precisamente, el derecho que tiene el ciudadano de conocer todo tipo de actuación que lleve adelante la Administración pública vinculado con aquel y que pueda participar en el procedimiento correspondiente con los alegatos y las pruebas que considere necesarios para su defensa.

2.   *Elementos constitutivos del derecho a la defensa administrativa*

El derecho constitucional a la defensa en sede administrativa persigue que se dicten decisiones basadas en la ley para evitar la arbitrariedad del poder y, en tal sentido, la Administración pública está en la obligación de asegurarlo mediante la concreción de una serie de actos que conforman sus elementos constitutivos[23].

---

dividual consagrada en el ordinal 5to. del artículo 60 de la Constitución de la República, a tenor del cual 'nadie podrá ser condenado en causa penal sin antes haber sido notificado personalmente de los cargos y oído en la forma que indique la ley'. Igualmente, tiene base el principio general invocado en la inviolabilidad del derecho a la defensa 'en todo grado del proceso', consagrado en el artículo 68 de la Constitución. La cobertura de estas garantías constitucionales ha sido interpretada ampliamente por la doctrina y la jurisprudencia en nuestro país, a tal punto que la aplicabilidad de los preceptos en ellos enunciados ha sido extendida a todas las ramas del Derecho Público, (...) a fin de convertirlas en pautas fundamentales de la genérica potestad sancionadora del Estado".

[23]   Sobre el derecho a la defensa y sus garantías en el marco de los procedimientos administrativos consultar, entre otros, la siguiente bibliografía: José Araujo Juárez: "La teoría de la forma y el derecho fundamental de defensa ante la Administración Pública" en *Estudios de Derecho Administrativo: Libro Homenaje a la Universidad Central de Venezuela*. Tribunal Supremo de Justicia. Caracas: Imprenta Nacional, 2001. Allan R. Brewer-Carías: "El Derecho Administrativo y la Ley Orgánica de Procedimientos Administrativos", en *Colección Estudios Jurídicos*, N° 16, Caracas, 1996. Del mismo autor: *Principios del Procedimiento Administrativo*, Madrid, Editorial Cívitas, 1990; "La garantía del debido proceso respecto de las actuaciones administrativas, y su desconstitucionalización

en Venezuela por el juez contencioso administrativo. Análisis jurisprudencial," en *Revista de Derecho Público*, N° 141, (Primer semestre 2015, Editorial Jurídica Venezolana, Caracas, 2015, pp. 179-190. Carlos Luis Carrillo: "La tutela del derecho a la defensa en el procedimiento administrativo de destitución de la Ley del Estatuto de la Función Pública", en *El derecho público a los 100 números de la Revista de Derecho Público 1980-2005*. Editorial Jurídica Venezolana, Caracas 2006. Pedro Collado Escribano: "Reflexiones sobre la indefensión en el procedimiento administrativo", en *La Protección Jurídica del Ciudadano (Procedimiento Administrativo y garantía jurisdiccional) estudios en Homenaje al Profesor Jesús González Pérez*, Tomo I. Editorial Civitas, Madrid, 1993. Jesús González Pérez: "Las prerrogativas de la administración en el Procedimiento Administrativo", en *Procedimiento Administrativo*, Tucumán, Uasta, 1982. Víctor Rafael Hernández-Mendible: "Los derechos constitucionales procesales", en *El Contencioso Administrativo y los Procesos Constitucionales*. Colección Estudios Jurídicos N° 92, Editorial Jurídica Venezolana. Caracas, 2011. Magaly Perreti de Parada: *El Derecho a la Defensa: Derechos Humanos y Defensa: Visión Constitucional y procesal*. Ediciones Liber. Caracas, 2004. Pelayo De Pedro Robles: "El principio de la libertad de admisión de pruebas en los procedimientos administrativos contradictorios como garantía del derecho a la defensa de los administrados (Enfoque doctrinal y jurisprudencial)", en *Estudios de Derecho Administrativo: Libro Homenaje a la Universidad Central de Venezuela*. Tribunal Supremo de Justicia. Caracas: Imprenta Nacional, 2001. Cecilia Sosa Gómez: "El debido proceso aplicable a las actuaciones administrativas", en *IV Congreso Internacional de Derecho Procesal Constitucional y IV de Derecho Administrativo. Homenaje al profesor Carlos Ayala Corao*. Universidad Monteávila. Caracas, 2017. Carlos Alberto Urdaneta Sandoval: "Acerca del debido proceso en los procedimientos desplegados para el ejercicio de las funciones administrativa y legislativa", en *El derecho público a los 100 números de la Revista de Derecho Público 1980-2005*. Editorial Jurídica Venezolana. Caracas 2006. Jaime Orlando Santofimio: "El derecho a la defensa en las actuaciones administrativas", en *IV Jornadas Internacionales de Derecho Administrativo "Allan Randolph Brewer-Carías". La relación jurídico administrativa y el procedimiento administrativo*. Fundación de Estudios de Derecho Administrativo. Caracas 1998. León Henrique Cottin: "El derecho constitucional de acceder a las pruebas y de disponer del tiempo y de los medios adecuados para ejercer la defensa", en *El Derecho Público a comienzos del siglo XXI: estudios en homenaje al profesor Allan R. Brewer-Carías*. Instituto de Derecho

El primero de ellos es la obligación de la Administración pública de iniciar cualquier tipo de actuación en el marco de un *procedimiento administrativo previamente establecido* en la ley como garantía para el administrado de que la actuación pública responde a los parámetros previstos de forma razonada por el legislador.

En el marco de ese procedimiento, el o los administrados interesados deben conocer de las actuaciones de la Administración pública por lo que han de ser *notificados* del mismo para estar al tanto de las razones de hecho y de derecho que le han dado origen. La *notificación* es, pues, el segundo elemento esencial para que el administrado pueda preparar su defensa en el *íter* procedimental correspondiente.

El tercer elemento constitutivo del derecho a la defensa en sede administrativa es el *acceso al expediente*, lo que se traduce en que la Administración pública está en el deber de permitir a la persona interesada, durante todo el tiempo que dure el procedimiento, tener acceso al contenido de las actuaciones y trámites administrativos y a que obtenga copia de los mismos, para que fundamente de forma apropiada sus alegatos y defensas.

Asegurados los pasos anteriores, el administrado tendrá entonces medios suficientes para que se cumpla con otro de los rasgos esenciales del derecho a la defensa: *ser oído*, es decir, podrá elaborar apropiadamente su defensa con los alegatos que considere necesarios para controvertir o justificar sus actuaciones.

Asimismo, y de manera conjunta o separada, al administrado deberá resguardársele, a lo largo del cauce procedimental, *el derecho a aportar todas las pruebas* que le permitan soportar y demostrar sus afirmaciones, las cuales deben ser tomadas en cuenta en su totalidad por la Administración pública.

De ahí que otra de las piezas conformadores del derecho a la defensa administrativa es la obligatoriedad de que *el razona-*

Público. Universidad Central de Venezuela. Cívitas Ediciones. Madrid 2003.

miento que sustente la resolución del órgano administrativo se fundamente en lo aportado y probado por los sujetos que han participado en el desarrollo del procedimiento.

Finalmente, el último de los elementos que salvaguardan el derecho a la defensa administrativa es el *ejercicio de los recursos administrativos* y *contencioso administrativos* correspondientes, cuando el ciudadano al cual va dirigido la resolución administrativa no esté conforme con su contenido.

Lo anterior ha sido señalado en innumerables ocasiones por la Sala Político Administrativa, la cual ha dicho que el derecho a la defensa es concebido como:

[...] el **derecho a ser oído**, puesto que no podría hablarse de defensa alguna, si el administrado no cuenta con esta posibilidad; el **derecho a ser notificado** de la decisión administrativa a los efectos de que le sea posible al particular, **presentar los alegatos** que en su defensa pueda aportar al procedimiento, más aun si se trata de un procedimiento que ha sido iniciado de oficio; el derecho a tener **acceso al expediente**, justamente con el propósito de examinar en cualquier Estado del procedimiento, las actas que lo componen, de tal manera que con ello pueda el particular obtener un real seguimiento de lo que acontece en su expediente administrativo. Asimismo, se ha sostenido doctrinariamente que la defensa tiene lugar cuando el administrado puede **presentar pruebas**, las cuales permitan desvirtuar los alegatos ofrecidos en su contra por la Administración y finalmente, con una gran connotación, el derecho que tiene toda persona **a ser informado de los recursos y medios de defensa**, a objeto de ejercer esta última frente a los actos dictados por la Administración (resaltado nuestro)[24].

Por su parte, la Sala Constitucional también se ha pronunciado con relación a este tema en los siguientes términos:

---

[24] Sala Político Administrativa del Tribunal Supremo de Justicia. Sentencia N° 01459 del 12 de julio 07 del 2001. Página Web del Tribunal Supremo de Justicia. http://www.tsj.gob.ve/. Consultada el 22/2/2015.

[...] Ha sido reiterada la jurisprudencia de esta Sala Constitucional, desde su decisión N° 795/2000, del 26 de julio, caso:
María Mata de Castro, en torno al deber general, derivado de
los artículos 19, 25 y 49 de la Constitución de la República Bolivariana de Venezuela, que tienen todos los órganos y entes que
integran la Administración Pública en cualquiera de sus niveles
político-territoriales, de respetar y garantizar los derechos constitucionales de las personas, entre ellos, el derecho al debido
procedimiento administrativo, el cual comprende las siguientes
garantías: el tener conocimiento del inicio de un procedimiento
administrativo, el tener acceso a las actas que conforman el expediente en el cual le corresponda participar, la posibilidad de
ser oído por la autoridad competente, el participar activamente
en la fase de instrucción del procedimiento administrativo, la
libertad para probar y controlar las pruebas aportadas al proceso, así como para alegar y contradecir lo que considere pertinente en la protección de sus derechos o intereses, y, en definitiva, el que se adopte una decisión oportuna, dentro del lapso
legalmente previsto para ello, que abarque y tome en cuenta todas y cada una de las pruebas y defensas aportadas al proceso,
así como que esa decisión sea efectiva, es decir, ejecutable, lo
que se traduce en que no sea un mero ejercicio académico, así
como el derecho a recurrir de esa decisión[25].

3. *Obligación del Estado de garantizar el derecho a la defensa*

Al ser el derecho a la defensa un derecho fundamental dentro de los ordenamientos jurídicos, fundado en los principios
del Estado de derecho y en la libertad de las personas, es consecuencia natural la obligación por parte del Estado y de sus poderes públicos de garantizarlo para limitar el abuso del poder y
proteger el ejercicio de los derechos ciudadanos.

Bajo esta premisa, no es suficiente que el Estado cumpla
con algunos de los elementos constitutivos del derecho a la
defensa, sino que en toda actuación estatal que implique inci-

---

25 Sala Constitucional del Tribunal Supremo de Justicia de Sentencia
N° 2280 del 19 de agosto 2003. Expediente N° 02-2264. Página
Web del Tribunal Supremo de Justicia. http://www.tsj.gob.ve/.
Consultada el 22/2/2015.

dir en la esfera jurídica de los particulares ampliando o limitando sus derechos, es condición ineludible cumplir con cada una de las actuaciones que protejan su ejercicio y que han sido descritas con anterioridad[26].

La consagración del derecho a la defensa está prevista tanto en la norma constitucional mencionada y en los tratados internacionales[27], como en las llamadas normas procedimentales que regulan y delimitan la actuación de la Administración. Así, la *Ley Orgánica de Procedimientos Administrativos* contempla los elementos que conforman y garantizan el derecho a la defensa convirtiéndose en instituciones esenciales a tomar en cuenta en el desarrollo de cualquier tipo de procedimiento administrativo.

En este mismo orden de ideas, se puede afirmar junto con el profesor Brewer-Carías que:

> El derecho a la defensa y al debido proceso en Venezuela, no sólo tiene rango y jerarquía constitucional, sino que, además, está establecido en forma absoluta, **por lo que no puede ser ignorado, ni aún cuando así lo prevea una ley.** Por consiguiente, en el Derecho administrativo venezolano, para que la administración pueda emitir una resolución que afecte, res-

---

[26] Al respecto, ha dicho la Sala Político Administrativa que: "...el derecho de defensa debe ser considerado no sólo como la oportunidad para el ciudadano encausado o presunto infractor de oír sus alegatos, sino como el derecho de exigir del Estado el cumplimiento previo a la imposición de toda sanción, de un conjunto de actos o procedimientos destinados a permitirle conocer con precisión los hechos que se le imputan y las disposiciones legales aplicables a los mismos, hacer oportunamente alegatos en su descargo y promover y evacuar las pruebas que obren en su favor. Esta perspectiva del derecho de defensa es equiparable a lo que en otros Estados de Derecho ha sido llamado como el principio del debido proceso". Sala Político Administrativa del Tribunal Supremo de Justicia. Sentencia N° 01541, Expediente N° 11317, de fecha 04 de julio de 2000. Página Web del Tribunal Supremo de Justicia. http://www.tsj.gob.ve/. Consultada el 26 de febrero de 2015.

[27] La *Convención Americana de Derechos Humanos* y el *Pacto Internacional de los Derechos Civiles y Políticos*.

trinja o limite derechos de una persona natural o jurídica, o de alguna manera modifique su situación jurídica debe llevar a cabo un procedimiento administrativo previo en el que se garanticen los derechos al debido proceso y, principalmente, a la defensa, de manera que la inobservancia de esta obligación constituye una violación de la Constitución y no sólo de la ley (resaltado nuestro)[28].

II. CONSIDERACIONES SOBRE LA POTESTAD SANCIONADORA DE LA ADMINISTRACIÓN PÚBLICA

Como se ha expresado, el Estado existe en tanto en cuanto se le confiere un conjunto de atribuciones y competencias dirigidas a preservar los derechos de las personas y a proporcionar las condiciones necesarias para que estas puedan satisfacer ciertas necesidades básicas que les permitan desarrollarse como individuos; atribuciones y competencias que se traducen en el poder que la sociedad organizada le otorga para que logre sus cometidos.

En efecto, al Estado social y democrático de Derecho para desarrollar las funciones y competencias que lo configuran (legislar, administrar y juzgar), se le inviste del llamado Poder Público que se convierte en la capacidad de aquel de imponer su voluntad a través de las leyes, los actos administrativos, las sentencias, y los actos de gobierno. De forma tal que el poder del Estado conlleva por sí mismo la posibilidad de sancionar, vale decir, de infligir un mal a una persona cuando esta no cumple con su voluntad siendo una fórmula que permite, igualmente, persuadirlos de lo contrario.

Dicha potestad sancionadora se expresa en la posibilidad de imponer sanciones penales y sanciones administrativas. Las primeras, se derivan de la *potestad sancionadora penal*, que determina el juez de la jurisdicción penal cuando, desarrollado el

---

[28] Allan R. Brewer-Carías: "Algunos principios generales del derecho administrativo en Venezuela, en particular, sobre el procedimiento administrativo y los efectos del silencio administrativo". *Ob. cit.*, p. 18.

debido proceso, se comprueba que un sujeto ha cometido un delito violando la norma penal y cuya consecuencia jurídica podría ser, entre otras, la privación de libertad.

Las sanciones administrativas, en cambio, son expresión de la concreción de la *potestad sancionadora administrativa*, determinadas y aplicadas por la Administración pública (quien ejerce la función administrativa), previo desarrollo del debido procedimiento administrativo sancionatorio y cuando se haya demostrado la violación de una norma administrativa por parte de uno o varios ciudadanos[29].

---

[29]   Para este tema consultar, entre otros, la siguiente bibliografía: Lubín Aguirre: "Las sanciones administrativas y los derechos fundamentales", en *El Derecho Público a comienzos del siglo XXI. Estudios en Homenaje al Profesor Allan Brewer-Carías*. Tomo II. Tercera Parte: Derecho Administrativo. Instituto de Derecho Público. Universidad Central de Venezuela, Civitas, Madrid, 2003. Fernando Garrido Falla y José Mª Fernández Pastrana: *Régimen Jurídico y procedimiento de las administraciones públicas (Un estudio de la Ley 30/1992)*, Segunda Edición, Civitas, Madrid 1995, pp. 303-335. Alejandro Nieto: *Derecho Administrativo Sancionador*. Segunda Edición Amplificada. Editorial Técnos, Madrid, 1994. Luciando Perejo Alfonso: "La actividad Administrativa represiva y el régimen de las sanciones administrativas en el Derecho español"; Hildegard Rondón de Sansó: "La potestad sancionatoria en el Derecho venezolano"; Cecilia Sosa Gómez: "La naturaleza de la potestad sancionatoria", todos estos trabajos en las *II Jornadas Internacionales de Derecho Administrativo Allan Brewer-Carías, Las Formas de la Actividad Administrativa*. Funeda. Caracas, 1996. José Peña Solís: *La Potestad sancionadora de la Administración Pública Venezolana*. Colección de Estudios Jurídicos del Tribunal Supremo de Justicia. Caracas. Venezuela 2005. Juan Alfonso Santamaría Pastor: *Principios de Derecho Administrativo*. Volumen II. Segunda Edición. Colección Ceura. Editorial Centro de Estudios Ramón Areces, S.A., pp. 370 a 414. Luis Pietro Sanchís: *La jurisprudencia constitucional y el problema de las sanciones administrativas en el Estado de derecho*, https://dial net.unirioja.es/servlet/articulo?codigo=249665. 06/8/2015. Alejandro Vergara Blanco: "Esquema de los principios del Derecho Administrativo Sancionador", en *Revista de Derecho Universidad Católica del Norte*, año 11, N° 2, pp. 137-147. 2004. http://vergarablanco.cl/2004-esquema-los-principios-del-derecho-

En definitiva, al Estado en virtud de las competencias atribuidas constitucionalmente se le otorga también el poder de imponer su voluntad por encima de la voluntad de los particulares lo que implica, a su vez, la circunstancia de que si sus decisiones no son asumidas espontáneamente por quienes están sujetos a ella, podrá sancionarlos a través de la potestad sancionadora penal y la potestad sancionadora administrativa, esta última, objeto del presente trabajo.

1. *Origen de la potestad sancionadora administrativa*

El origen de la potestad sancionadora de la Administración pública se remonta al Estado absoluto el cual concentraba las funciones de legislar, administrar y juzgar en una estructura piramidal dirigida de manera jerárquica por el Monarca[30].

Instaurado el Estado de derecho y como consecuencia de la implementación del principio de división de poderes, la potes-

---

administrativo-sancionador/18/2/2017. Alejandro Uslenghi: 'Control judicial de la potestad sancionadora de la Administración' en *Control de la Administración Pública. Jornadas Organizadas por la Universidad Austral. Facultad de Derecho.* Ediciones RAP. Argentina, 2003. www.uca.edu.ar/uca/common/grupo13/files/09/5/510-09 _td. doc. 18/2/2917. Miguel José Izu Belloso: "Las garantías del procedimiento administrativo sancionador: reflexiones sobre los órganos instructores", en *La Protección Jurídica del Ciudadano (Procedimiento Administrativo y garantía jurisdiccional) estudios en Homenaje al Profesor Jesús González Pérez,* Tomo I. Editorial Civitas, Madrid, 1993. Eduardo Cordero Quinzacara: "Concepto y naturaleza de las sanciones administrativas en la doctrina y jurisprudencia chilena". *Revista de Derecho Coquimbo.* http://www.scielo.cl/scie-lo.php?script=sci_arttext&pid=S0718-97532013000100004. 15/08/ 2015.

30 Consultar sobre el origen de la potestad sancionadora, entre otros, la siguiente bibliografía: José Peña Solís: *La Potestad Sancionatoria de la Administración Pública en Venezuela, Ob. cit.* Juan Alfonso Santamaría Pastor: *Principios de Derecho Administrativo. Ob. cit.,* pp. 371 a 414 del Volumen II. Eduardo García de Enterría y Tomás Ramón Fernández: *Curso de Derecho Administrativo.* Volumen II. Sexta Edición, Editorial Civitas, Madrid 1993. Fernando Garrido Falla y José María Fernández Pastrana: *Ob. cit.*

tad estatal de sancionar debía ser competencia exclusiva y excluyente del poder judicial por lo que no cabía que la Administración pública tuviera la condición de imponer ningún tipo de sanción.

Sin embargo, la realidad fue otra puesto que en la práctica tal potestad no se descartó de las competencias de la Administración pública y fue desarrollada sin mayores cuestionamientos no obstante su ejercicio fuera autoritario y abusivo ya que no se encontraba prevista en la Constitución y, en consecuencia, estaba desvinculada "de cualquier tipo de garantías ciudadanas, a diferencia de lo que sucedía cuando los jueces ejercían la potestad represiva, los cuales estaban obligados a respetar el principio de legalidad penal"[31].

Lo anterior se justificó a través de una reinterpretación conveniente del principio de división de poderes y, en tal sentido, se expresó que como quiera que cada uno de los poderes públicos debía ejercer sus competencias de manera exclusiva, excluyente y autónoma, solo la Administración pública tenía la potestad de vigilar el cumplimiento de sus propias decisiones por lo que era indispensable que mantuviera su potestad coercitiva (como en el Estado absoluto) sin la cual, se entendía, no hubiera tenido la capacidad suficiente para demandar el cumplimiento de sus actos[32].

Posteriormente, y con el advenimiento del Estado social de derecho en el cual al Estado se le atribuyó una muy amplia intervención en los distintos ámbitos de la vida económica y social de la comunidad, la Administración pública aumentó sus competencias y fortaleció así su potestad sancionadora.

---

[31]   José Peña Solís: *La Potestad Sancionatoria de la Administración Pública en Venezuela, Ob. cit.*, p. 34.

[32]   *Cfr.* Juan Alfonso Santamaría Pastor: *Principios de Derecho Administrativo. Ob. cit.*, pp. 371 a 414 del Volumen II. *Vid.* Eduardo García de Enterría y Tomás Ramón Fernández: *Curso de Derecho Administrativo.* Volumen II, p. 164.

Hoy en día, no es discutible el fundamento o la necesidad de que la Administración pública vigile el cumplimiento de sus decisiones e imponga sanciones estableciendo responsabilidades en los supuestos en los que se demuestre que se ha violado las normas del Derecho administrativo.

En la actualidad, esta función de policía tiene un origen histórico y práctico que la justifica y que proviene de la realidad misma que es fuente de derecho; de manera que su existencia pareciera ser juzgada indispensable y la doctrina contemporánea no la niega[33].

Lo que sí es producto de debate y de atentos exámenes por parte de los estudiosos del derecho es el modo en cómo tal potestad sancionadora se desarrolla, por cuanto la misma ha de cumplir de manera ineludible con un conjunto de principios y garantías que deben ser atendidos por el legislador al regularla en las leyes; y, por la Administración pública al momento de su ejercicio, en cada caso concreto.

Los principios que debe cumplir el legislador en la determinación de la potestad sancionadora de la Administración pública son i) el principio de legalidad; ii) el principio de tipicidad; iii) el principio de prescripción. En tanto que los principios referidos a la iv) culpabilidad, v) proporcionalidad y vi) el *non bis idem*, son los que deben forzosamente regir a la Administración pública en la ejecución de dicha potestad.

Todas esas garantías se derivan del principio de legalidad, es decir, de la sumisión del poder del Estado al derecho, a la norma previa establecida, de manera que resulta indiscutible que a los efectos de que se materialice la potestad sancionadora administrativa, sea necesario el establecimiento previo de las infracciones por parte del legislador y la previsión del procedimiento administrativo sancionatorio, en el transcurso del cual la

---

[33] *Vid.*, Luis Pietro Sanchís: *La jurisprudencia constitucional y el problema de las sanciones administrativas en el Estado de Derecho*, p. 102. Dialnet-LaJurisprudenciaConstitucio-nalYElProble-maDeLas Sanc-249665-2 copia. 24/11/2015. Consultada el 10/6/2015.

Administración pública podrá determinar la comisión de un ilícito, así como la sanción concreta que habrá de imponerle al infractor.

Estos principios han sido recogidos por el constituyente de 1999 quien, en el artículo 49 constitucional al regular el derecho al debido proceso, especificó detalladamente cómo se materializan; asimismo, dejó sentado que los referidos principios definen y delimitan tanto la potestad sancionadora administrativa como la potestad sancionadora penal.

En tal sentido, la reserva legal; la tipificación de las infracciones y de las sanciones; la prohibición de las normas en blanco; la presunción de inocencia; la determinación de la culpabilidad previo desarrollo del debido proceso y, en consecuencia, la interdicción de imponer sanciones sin que se haya desarrollado el mismo; el *non bis idem*; ser juzgado por el juez natural; son todos principios que conforman el debido proceso y que, por tanto, delimitan y rigen la potestad sancionadora administrativa[34].

2. *Naturaleza Jurídica*

Tal y como se ha expresado anteriormente, al Estado se le atribuyen un conjunto de competencias para lograr los cometidos y fines que impone la Constitución. Esas competencias que configuran y le dan sustento a la existencia del Estado, constituyen simultáneamente una obligación y una prerrogativa para aquel, quien tiene tanto el deber de desarrollarlas como la facultad de imponer las decisiones que considere necesarias para su concreción.

El Estado está investido pues de un poder que le permite imponer su voluntad en función de unos fines que benefician a toda la colectividad; poder que se traduce en la posibilidad de investigar y sancionar, previo el cumplimiento de las exigencias que determine el ordenamiento jurídico, a todo aquel ciudadano que no cumpla con su voluntad expresada en las leyes, en las sentencias, en los actos administrativos o los actos de gobierno.

---

[34]   *Cfr.* Capítulo I del libro de José Peña Solís: *La Potestad sancionadora de la Administración Pública Venezolana. Ob. cit.*, pp. 25-73.

Esta potestad de aplicar una sanción a aquel individuo que ha violado la voluntad estatal se denomina *ius puniendi* o potestad sancionadora del Estado, potestad que resulta indispensable para que los ciudadanos se persuadan de cumplir las decisiones del Estado dirigidas al bien común; o para que se les imponga la sanción correspondiente en caso de que se abstengan de su cumplimiento o atenten contra el ordenamiento jurídico, ocasionándole un daño a otro.

El *ius puniendi* del Estado es uno solo pero su realización se ha distribuido en dos estructuras organizativas: el poder judicial y el poder ejecutivo así que, en la actualidad, no cabe la duda de que todos los principios de la potestad sancionadora penal que se desarrollaron y consolidaron a partir de las concepciones innovadoras de Beccaría (*nullum crime, nulla poena sine lege; nulla poena sine legale iuducim*), son los mismos principios que rigen la potestad sancionadora administrativa, en virtud de que ambas potestades, tanto la penal como la administrativa son expresiones del *ius puniendi* del Estado[35].

---

[35] En tal sentido, Pietro Sanchís afirma que: "...si la identidad sustancial que venimos exponiendo no ha de traducirse necesariamente en la judicialización rigurosa de todo procedimiento sancionador, sí pone de relieve que el ordenamiento punitivo del Estado es uno y sólo uno, y que, por lo tanto, nada justifica la tradicional separación entre los principios y reglas del Derecho penal y los que han venido inspirando el Derecho administrativo sancionador." Y, más adelante señala, "lo verdaderamente esencial es que todo el Derecho punitivo del Estado se inspire en idénticos principios de libertad y seguridad y, de modo especial, en los establecidos en los artículos 24 y 25 de la Constitución: un solo ordenamiento punitivo sometido al Derecho con la misma intensidad en todas sus partes, o, dicho de otro modo, que la libertad y la seguridad de los ciudadanos se vea igualmente garantizada ante los jueces que ante la Administración". Luis Pietro Sanchís: *La jurisprudencia constitucional y el problema de las sanciones administrativas en el Estado de Derecho. Ob. cit.*, pp. 102 y 103. Consultar, asimismo, Massimo Severo Giannini: *Diritto Amministrativo*. Volume Secondo. Giuffré Editore. Milano 1970, p. 1306.

El poder de sancionar del Estado es, efectivamente, uno solo pero se clasifica en poder sancionatorio penal y poder sancionatorio administrativo por ser distintos los órganos que lo desarrollan: en el primer caso, la determinación y la aplicación de la pena como consecuencia de la comisión de un delito previsto en una ley penal le corresponde al juez penal; en el segundo de los supuestos, le corresponde a la Administración pública que es quien tiene la competencia de vigilar que las normas de Derecho administrativo se cumplan.

Se pasará entonces a hacer una breve referencia de los principios que deben regir la potestad sancionadora administrativa que son los mismos que rigen el *ius puniendi* penal y que se derivan todos del principio de legalidad que ha de guiar la actuación del poder del Estado.

3.   *Principios que rigen la potestad sancionadora administrativa*

Antes de explicar cada uno de los principios que dirigen la potestad sancionadora administrativa, conviene recordar que los mismos deben entenderse como directrices y pautas que la definen, le dan contenido y la justifican, de ahí que no pueden ser modificados por la regulación formal y menos pueden ser irrespetados por la Administración pública.

Los principios jurídicos e, igualmente, los principios que se tratarán seguidamente, cumplen con la función de garantizar la protección de los derechos de los administrados ante la potestad sancionadora de la Administración pública, convirtiéndose en premisas esenciales sobre las cuales debe materializarse la misma; y, paralelamente, en derechos concretos que tiene el administrado ante la actuación sancionatoria de aquella.

En función de la trascendencia de los principios jurídicos, entendidos como los valores sobre los cuales se sustenta la actuación del Estado para proteger los derechos de las personas, aquellos tienen las siguientes características[36]:

---

[36]   *Vid*. Miguel Alejandro López Olvera: *Los principios del procedimiento administrativo*. http://biblio.juridicas.unam.mx/libros/4/1594

- son esenciales debido a que establecen las razones para la acción, justifican y aclaran el por qué la Administración debe comportarse de una manera o de otra;

- prevén de forma general los límites del comportamiento de la función administrativa y, en tal sentido, disponen lo que se considera apropiado y lo que no;

- ejecutan dos funciones: la de validez y la de conocimiento, ya que definen las conductas válidas y al mismo tiempo ayudan a que se conozcan las líneas que deben guiar la actuación administrativa;

/12.pdf. 02/12/2015. Juan Alfonso Santamaría Pastor: *Principios de Derecho Administrativo*. Volumen I. *Ob. cit.*, pp. 87 y ss. Se recomienda consultar sobre el tema de los principios que rigen la potestad sancionatoria y los procedimientos administrativos sancionatorios a Allan Randolph Brewer Carías: "Los principios generales del Procedimiento Administrativo en la Ley 1.437 de 2001 contentiva del Código de Procedimiento Administrativo y de lo Contencioso Administrativo de Colombia", en *Visión Actual de los Procedimientos Administrativo*. Editorial Jurídica Venezolana. Centro de Adiestramiento Jurídico "CAJO". Caracas 2011. Alejandro Nieto: *Derecho Administrativo Sancionador. Ob. cit.* Jesús González Pérez: "Principios del procedimiento administrativo en América Latina", en *El Derecho Público a comienzos del siglo XXI: estudios en homenaje al profesor Allan R. Brewer Carías*. Instituto de Derecho Público. Universidad Central de Venezuela. Civitas Ediciones, Madrid, 2003. Cosimina Pellegrino: "Algunas Consideraciones sobre el procedimiento administrativo y el expediente administrativo", en *Revista de la Facultad de Derecho*, de la Universidad Católica Andrés Bello, N° 64, Caracas 2009, pp. 11-39. Disponible en Internet http://www.ulpiano.org.ve/revistas/bases/artic/texto/RDUCAB/64/UCAB_ 64_2010_11-.39.pdf. Cosimina Pellegrino: "La Literatura como herramienta pedagógica", en *20 años de FUNEDA y otros temas de Derecho Administrativo. Volumen III.* FUNEDA. Caracas 2015, pp. 131-154. Flavia Pesci Feltri: "Los principios rectores del procedimiento administrativo en Venezuela", en *II Congreso Venezolano de Derecho Administrativo en homenaje al maestro Eloy Lares Martínez. Procedimiento Administrativo y Contencioso-Administrativo.* Vol. II. Funeda y Aveda. Caracas, 2014.

- son normas abiertas y no determinan necesariamente la decisión, sólo proporcionan razones a favor de una u otra de las opciones que se le presentan como alternativas a la Administración Pública.

A. *El principio de legalidad sancionatorio*

Es necesario recordar, de la mano del profesor Peña Solís, que en un Estado de derecho el *principio de legalidad general* previsto en los artículos 131 y 137 de nuestra Constitución, impone la sujeción tanto de los ciudadanos como del Estado a la norma previamente establecida.

En el caso de los particulares, quienes actúan bajo el principio de libertad, implica que aquellos pueden hacer todo lo que no esté prohibido expresamente en la norma; mientras que, en el caso del Estado y sus poderes públicos, el principio de legalidad general impone que aquel solo podrá actuar en la medida en que el ordenamiento jurídico lo prevea y dentro de los parámetros señalados por este.

De este principio de legalidad general se deriva entonces el a) *principio de legalidad administrativa* el cual exige que toda actuación de la Administración tiene que estar sustentada en una norma previa atributiva de competencias; y, el b) *principio de legalidad sancionatorio* el cual supone que, ante el ejercicio punitivo del Estado, es necesario rodear de garantías a los ciudadanos para proteger su libertad y evitar que aquel imponga su voluntad sancionatoria de manera arbitraria y discrecional.

Este principio de legalidad sancionatorio que se sustenta en el *nullum crimen, nulla paena, sine previa legem*, está previsto en el artículo 49.6 constitucional al señalar que en el desarrollo del debido proceso tanto en sede jurisdiccional como en la administrativa "Ninguna persona podrá ser sancionada por actos u omisiones que no fueren previstos como delitos, faltas o infracciones en leyes preexistentes".

El principio de legalidad sancionatorio se concreta a través de dos garantías esenciales: a) una material, la garantía de la tipificación; y, otra b) formal, la de la reserva legal[37].

a. *El principio de tipicidad*

La garantía de la tipicidad rige la determinación y el ejercicio de la potestad sancionadora y está dirigida a proteger dos valores fundamentales del ordenamiento jurídico venezolano: el de la libertad y el principio de la seguridad jurídica y, por tanto, dicha garantía impone que la norma debe caracterizar de manera clara y específica los tipos de infracciones y sus correspondientes sanciones[38].

La configuración previa en la ley tanto de los delitos, las faltas y las infracciones así como de las sanciones que se derivarían por la comisión de alguno de ellos, es una de las condiciones para garantizar el principio de legalidad sancionatorio cuya finalidad es dar a conocer al administrado, con cierto grado de certeza, cuáles son las conductas consideradas violatorias de la ley y que tal conocimiento le permita saber de antemano las consecuencias que derivarían si decidiera actuar ilícitamente.

---

[37] *Cfr.* José Peña Solís: *La Potestad sancionadora de la Administración Pública Venezolana. Ob. cit.,* pp. 115 y ss.

[38] "La exigencia de descripción específica y precisa, por la norma creadora de las infracciones y las sanciones, de las conductas concretas que pueden ser sancionadas, y del contenido material de las sanciones que pueden imponerse por la comisión de cada conducta, así como la correlación entre unas y otras; una exigencia que es consecuencia directa tanto del primero de los valores superiores del ordenamiento jurídico, el de la libertad, como del principio de seguridad jurídica. Siendo la libertad de los ciudadanos la regla general de comportamiento, su prohibición (bajo amenaza de sanción) exige que la ley defina con mayor concreción posible los rasgos de las conductas sancionables, que dé certeza a los sujetos privados acerca de los comportamientos específicos que les están vedados y de las consecuencias específicas que conlleva su realización". Juan Alfonso Santamaría Pastor: *Principios de Derecho Administrativo. Ob. cit.,* p. 385. Eduardo García de Enterría y Tomás Ramón Fernández: *Curso de Derecho Administrativo. Ob. cit.,* p. 176.

La *tipicidad* responde a la idea según la cual la ley que regula y establece las infracciones y sanciones debe ser necesariamente *previa* y *cierta*. Nadie puede ser condenado o sancionado por acciones u omisiones que, en el momento de producirse, no hayan sido concebidas *previamente* por la ley como delitos, faltas o infracciones administrativas (*nullum crimen, nulla poena sine lege*).

La *certeza* se refiere a que tanto las conductas sancionables como las consecuencias de la comisión de las mismas han de estar claramente definidas; el sujeto pasivo al cual va dirigida la norma sancionatoria tiene que conocer de antemano cuáles serían las consecuencias de su comportamiento en caso de que decida contrariar la ley administrativa.

Asimismo, el principio de tipicidad se perfecciona con otro principio constitucional esencial que lo complementa que es el principio de la *irretroactivad de las normas* previsto en el artículo 24 constitucional; cuyo contenido exige que ninguna disposición legislativa tendrá efecto retroactivo salvo que imponga una menor pena, por lo que las únicas acciones sancionables son aquellas establecidas en el momento en que las mismas se produjeron.

Dicho lo anterior, conviene precisar en qué medida la previsión de los llamados *conceptos jurídicos indeterminados* que abundan en nuestra legislación administrativa sancionatoria pudiera ser violatoria del principio de tipicidad. En tal sentido, hay que señalar que tales conceptos son aceptados bajo la premisa de que es imposible describir e imaginar con precisión todas y cada una de los supuestos de hecho que pudieran ser sancionados.

Si bien ello es así, resulta indispensable aclarar que dichos conceptos se permiten siempre que la determinación de su contenido:

[...] sea razonablemente factible en virtud de estar referidos a criterios lógicos, técnicos o de experiencia, que permiten prever, con suficiente seguridad, la naturaleza y las características esenciales de las conductas constitutivas de la infracción tipificada. Lo característico de los conceptos jurídicos indeterminados –tales como: buena fe, falta de probidad, diligencia de un buen padre de familia, justo precio, interés social- es que mediante ellos la norma remite a una esfera de la realidad cuyos límites no aparecen bien precisados en su enunciado, pero no obstante esa indeterminación del enunciado normativo, su aplicación solo permite una solución justa en cada caso, de modo que se da o no se da el concepto; o hay buen fe, o no la hay; o el precio es justo o no lo es; o existe el interés social o no existe. La indeterminación del enunciado no implica, por tanto, indeterminación en la aplicación de la norma jurídica[39].

De lo dicho se deriva que la previsión de conceptos indeterminados en las normas sancionatorias es admisible en la medida en que la aplicación de los mismos admita una sola solución justa y correcta, que no es otra que aquella que se conforma con el espíritu, propósito y razón de la norma.

En torno a este tema ha expresado el profesor Brewer-Carías que:

[…] lo peculiar de estos conceptos jurídicos indeterminados es que su calificación en una circunstancia concreta no puede ser más que una: o se da o no se da el concepto; es decir, o hay utilidad pública, o no la hay; o se da, en efecto, una perturbación del orden público, o no se da; o una actuación es contraria a las buenas costumbres, o no lo es; o el precio que se señala en la expropiación, por ejemplo, es justo o no lo es; o se ofende a la moral pública o no se la ofende; o existe un interés superior del niño o no existe.

En estos casos, no hay una tercera posibilidad. Por ejemplo, para que se adopte una orden municipal de demolición de un inmueble porque amenaza ruina, el inmueble o está en estado ruinoso o no lo está. Como lo puntualiza García de Enterría, «hay, pues, y esto es esencial, una unidad de solución justa en la aplicación del concepto a una circunstancia concreta». Por

39 Carmelo De Grazia Suárez: "Derechos de los Particulares en los Procedimientos Administrativo Sancionatorios", en *Derecho y Sociedad, Revista de Derecho de la Universidad Monteávila*, N° 4, Caracas 2003, p. 18.

ello califica el proceso de aplicación de los conceptos jurídicos indeterminados como un «proceso reglado», porque no admite más que una solución justa; es, como se ha dicho, «un proceso de aplicación a interpretación de la Ley, de subsunción en sus categorías de un supuesto dado; no es un proceso de libertad de elección entre alternativas igualmente justas».

Así lo puntualizó, por ejemplo, en España, el Tribunal Supremo al calificar el concepto de «justo precio» en la expropiación, como un concepto jurídico indeterminado, indicando que sólo puede conducir a que el precio que se determine deba ser real y efectivamente «el verdadero y justo valor». Se trata de la sentencia de 28-4-1964, pionera en este campo en el mundo de habla hispana, donde dicho Tribunal señaló:

«las facultades discrecionales se caracterizan por la pluralidad de soluciones justas posibles entre las que libremente puede escoger la Administración, según su propia iniciativa, por no estar comprometida dentro de la norma la solución concreta; mientras que el concepto jurídico indeterminado (ruina, precio justo, utilidad pública, etc.) es configurado por la Ley como un supuesto concreto de tal forma que solamente se da una única solución justa en la aplicación del concepto a la circunstancia de hecho»[40].

En definitiva, la posibilidad de flexibilizar el principio de tipificación mediante la utilización de conceptos jurídicos indeterminados está condicionada a que los mismos permitan una sola solución justa; de lo que se deriva a) el impedimento para la Administración de que ante estos supuestos actúe libremente y sustituya las imprecisiones de la norma con figuras nuevas creadas para cada caso; y, b) la prohibición al funcionario de turno que le dé a dichos conceptos un contenido basado en premisas que atenten contra los fundamentos y valores del ordenamiento jurídico previstos en la Constitución venezolana.

---

[40]   Allan Brewer-Carías: *La Técnica de los conceptos jurídicos indeterminados como mecanismos de control judicial de la actividad administrativa.* http://www.allanbrewercarias.com/Content/449725d9-f1cb-474b-8ab2-41efb849fea8/Content/II,%204,%20491.%20 Conceptos %20jur%C3%ADdicos%20indeterminados[1]%20% 2016-02-05.pdf. 12/08/2016. Consultada el 22/2/2016

b. *Reserva legal*

El principio de la reserva legal ordena que únicamente se podrá limitar y regular la libertad de las personas por medio de una norma formal, es decir, una norma jurídica emanada del parlamento.

Ahora bien, tal y como lo asevera Peña Solís[41], la reserva legal puede entenderse de forma absoluta, es decir, que solamente el legislador es el único competente para regular y delimitar en la ley formal las infracciones y las sanciones (*reserva legal absoluta*); o, también, de manera relativa en el sentido de que se acepta que tanto el legislador como la Administración pública a través de su potestad reglamentaria son competentes para delimitar el contenido de las infracciones y sanciones (*reserva legal relativa*).

La *reserva legal relativa* es la que ha tenido una mayor aceptación en los ordenamientos jurídicos contemporáneos pero para que ella sea constitucional, vale decir, para que la colaboración de la Administración pública sea acorde con los principios que sustenta el *ius puniendi* del Estado, es indispensable que la ley formal contenga: a) los elementos básicos que caractericen y delimiten la infracción o la falta administrativa; como b) la naturaleza y los límites de las sanciones administrativas, a los fines de que se constituyan parámetros claros a los que debe subordinarse la potestad reglamentaria, la cual sólo podrá desarrollar en el reglamento el contenido de la ley pero nunca contrariarla ni modificarla.

Efectivamente, no podría la Administración pública a través de su colaboración normativa crear nuevos tipos de faltas o infracciones; establecer características de las mismas distintas a las previstas en la ley; ni tampoco podría instituir nuevas sanciones o disponer límites distintos a los ya predeterminados en la ley formal. La reserva legal relativa:

---

[41]   *Cfr.* José Peña Solís: *La Potestad sancionadora de la Administración Pública Venezolana. Ob. cit.*, pp. 112 y ss.

[...] reviste la particularidad de que requiere la sanción de una ley contentiva de la normativa básica sobre la materia, la cual va a ser desarrollada por los instrumentos de rango sublegal, por supuesto atendiendo a los parámetros contenidos en la remisión, sin poder el reglamento intentar crear dispositivos normativos contrarios, o sencillamente diferentes a los elementos básicos contenidos en la ley, pues cualquier reglamento que contenga una normación independiente del correspondiente texto legal, estará viciado de nulidad absoluta, tal y como se desprende del artículo 156, numeral 10 de la Constitución. Esos elementos básicos de la ley constituyen una condición *sine qua non* para que pueda operar la referida colaboración reglamentaria, pues de lo contrario se produciría una verdadera deslegalización, absolutamente prohibida cuando se trata de regular materias que forman parte de la reserva legal[42].

Cuando el artículo 49.6 de la Constitución impone que ninguna persona podrá ser sancionada por delitos, actos u omisiones que no fueren previstos como faltas o infracciones en leyes preexistentes, es decir, que no estuvieren previstos en leyes formales, emanadas del poder legislativo, está exigiendo que la ley formal debe necesariamente contener los elementos mínimos que configuran la conducta ilícita así como las consecuencias que se derivan de la ejecución de la misma: la ley formal tiene que diseñar tanto los parámetros de las infracciones y faltas, como las sanciones a ser aplicadas en caso de que aquellas se produzcan.

Al respecto, se ha dicho que:

Lo anterior es conforme, sin duda, con los principios generales que gobiernan el instituto de la reserva legal. En efecto, el que una determinada materia –en este caso: la descripción de infracciones y sanciones- se encuentre protegida por la garantía de la reserva legal, no significa que esté vedada [al reglamentista] de manera absoluta la regulación de dicha materia, antes por el contrario, como lo ha señalado el profesor González Pérez, la reserva de una materia a la ley implica dos consecuencias, a saber: i) la imposibilidad de regular esa concreta mate-

---

42   *Ibídem*, p. 117.

ria mediante un reglamento independiente, porque cuando la Constitución reserva una materia a la ley lo que está decidiendo es que entre la Constitución y el reglamento ha de mediar la ley, de modo que esta se convierte en conectivo necesario entre la norma suprema y ese específico acto normativo de la Administración; y ii) la necesidad de que el reglamento se limite a regular lo indispensable (todo lo que sea indispensable, pero sólo lo indispensable) para asegurar la correcta aplicación y plena efectividad de la ley[43].

Es por ello que como consecuencia de la reserva legal exigida en la Constitución no está permitido, en el ordenamiento jurídico venezolano, la posibilidad de que se promulguen leyes que hagan una remisión general al reglamentista para que sea este el que determine las conductas ilícitas o para que establezca las sanciones de las mismas.

De modo que están expresamente prohibidas las denominadas *normas en blanco* que se caracterizan porque en vez de regular la potestad sancionadora con los contenidos mínimos a los que se ha hecho referencia (tanto en la determinación de los tipos de infracciones y faltas como en las sanciones a aplicarse), otorgan tal competencia a la Administración pública remitiendo y posponiendo tal regulación al reglamento.

Efectivamente, las *normas en blanco* suelen disponer que "todo aquello que vaya en contra de la ley o de su reglamento será sancionado", contenido que es contrario, como se ha dicho, al principio de tipicidad y de la reserva legal por cuanto, de manera genérica, autoriza a la Administración Pública a que determine, en cada caso y con una muy amplia discrecionalidad, tanto la conducta sancionable como la aplicación de la sanción.

Nuestros tribunales contencioso administrativos han expresado con respecto a las *normas en blanco* que:

---

[43] Carmelo de Grazia Suárez: "Derechos de los Particulares en los Procedimientos Administrativo Sancionatorios". *Ob. cit.*, p. 23.

[...] esta Corte observa que el artículo 33, numeral 2 de los Estatutos de la Fundación IDEA, único fundamento normativo del acto impugnado, establece que un Profesor Titular de la misma podrá ser removido por "violación grave a los Estatutos, Reglamentos y demás normas que regulen las actividades de la Fundación".

El numeral transcrito es, a juicio de esta Corte, violatorio del principio de tipicidad antes enunciado, desde que constituye una cláusula abierta y genérica. En efecto, el eventual sujeto pasivo de la conducta a que se contrae la referida norma (Profesor Universitario), tendría que conocer la totalidad de los Estatutos, Reglamentos y demás normas que regulan las actividades de la Fundación, para poder saber qué actos o hechos son susceptibles de encuadrar en la disposición aplicada.

La no especificación de los supuestos de hecho que dan lugar a la situación contenida en el mencionado artículo, constituye una violación del principio de tipicidad, y, por lo tanto, del Principio de Legalidad Sancionatorio, ya que una cláusula abierta como la mencionada, deja en manos de las propias autoridades llamadas a aplicarla, la tipificación de la conducta sancionable. Tal circunstancia, por una parte, contradice el mandato de tipificación inherente al principio de legalidad de las infracciones y sanciones; y, además, constituye una clara situación de indefensión de los administrados quienes –ante el carácter genérico de la norma- no pueden tener certeza o claridad en torno a cuáles hecho encuadran en dicha disposición punitiva, principios aplicable a toda potestad Sancionatoria Administrativa, tal y como lo dejó sentado esta Corte[44.]

---

[44] Sentencia citada por Carmelo De Grazia Suárez en ibídem, p. 17. Tal y como lo pone de manifiesto el profesor Peña Solís, en materia de la reserva legal y la colaboración o complementación reglamentaria ha habido una clara involución en la jurisprudencia de la Sala Constitucional del Tribunal Supremo de Justicia a partir de la sentencia del 30 de marzo de 2004, la cual decidió la acción de nulidad por inconstitucionalidad contra el artículo 91, numeral 29, de la Ley Orgánica de la Contraloría General de la República y del Sistema Nacional de Control Fiscal. Dicha sentencia "dejó de lado la construcción conceptual acerca de la complementación reglamentaria así como la denominada norma en blanco, (...) que

B. *Principio de imparcialidad*

De conformidad con nuestro ordenamiento jurídico vigente[45], la imparcialidad y, en consecuencia, la exigencia de objetividad en el ejercicio de la actuación administrativa constituye un principio esencial que debe orientar todo procedimiento sancionatorio administrativo.

La imparcialidad para que se ejecute tiene que cumplir con varios elementos. Debe ser *objetiva* en el sentido de que el funcionario público ha de resolver los asuntos sometidos a su consideración tomando en cuenta únicamente la satisfacción del interés general que persigue la norma aplicable al caso concreto, excluyendo toda consideración personal, política, religiosa, económica, o de cualquier otra índole.

Igualmente, este principio exige del funcionario público una imparcialidad *subjetiva* que consiste en que aquel no debe

---

eran los límites que condicionaban la validez de la colaboración reglamentaria, en el marco de la exigencia del respeto de la garantía de la reserva legal" toda vez que consideró "totalmente validada la disposición impugnada que establecía como causal de responsabilidad administrativa 'cualquier otro acto, hecho u omisión contrario a una norma legal o sublegal'". José Peña Solís: *La Potestad Sancionatoria de la Administración Pública Venezolana. Ob. cit.*, pp. 126 y ss.

[45] En tal sentido, el artículo 49.3 constitucional que garantiza el debido proceso señala que: "Toda persona tiene derecho a ser oída en cualquier clase de proceso, con las debidas garantías y dentro del plazo razonable determinado legalmente, por un tribunal competente, independiente e imparcial establecido con anterioridad. Quien no hable castellano o no pueda comunicarse de manera verbal, tiene derecho a un intérprete." Asimismo, el artículo 145 de la misma norma, dispone que "Los funcionarios públicos y funcionarias públicas están al servicio del Estado y no de parcialidad alguna". Por su parte, la Ley Orgánica de Procedimientos Administrativos y el Decreto con Rango y Valor de Fuerza de ley Orgánica de Administración Pública disponen entre los principios que han de regir la actividad de la Administración pública el principio de imparcialidad en los artículos 30 y 10 respectivamente.

tener una postura preconcebida sobre lo que ha de resolver. En caso contrario, estaría obligado a abstenerse de decidir el asunto sometido a su consideración, mediante el procedimiento previsto por el legislador en los artículos 37 a 40 de la Ley Orgánica de Procedimientos Administrativos que debe activarse cuando el funcionario se encuentre incurso en alguna de las causales de inhibición que la misma ley prevé en su artículo 36, todo ello precisamente con la finalidad de garantizar la imparcialidad.

Por último, la imparcialidad se refiere también a la exigencia de que la Administración pública ha de resolver casos idénticos o similares de la misma manera, es decir, respetando la *igualdad* y evitando la discriminación de los administrados.

C. *Principio de culpabilidad*

En el momento de la determinación y de la imposición de las sanciones, es condición ineludible y principio tradicional del *ius puniendi* que la conducta de un sujeto que genere la violación de la norma sea causada efectivamente por la persona a la que se le atribuye dicha conducta; y que la misma haya sido realizada en el ejercicio libre de sus facultades y capacidades, por tanto, que haya sido ejecutada voluntariamente.

García de Enterría nos recuerda que en España: "se pretendió que la responsabilidad administrativa a efectos de las sanciones administrativas era una responsabilidad objetiva, que no requería de dolo o culpa en la conducta sancionable. Esa posición fue condenada, primero por la jurisprudencia en los años sesenta, después por la regla de la aplicación general de los principios del Derecho Penal al Derecho sancionador administrativo"[46].

Después de la entrada en vigencia de la Constitución venezolana de 1999 y de conformidad con los numerales 1 y 5 del artículo 49 del referido texto, no cabe duda de que en Venezuela el ejercicio del *ius puniendi* del Estado debe regirse también por el principio de culpabilidad.

---

[46] Eduardo García de Enterría y Tomás Ramón Fernández: *Curso de Derecho Administrativo*. Tomo II. *Ob. cit.*, p. 177.

Al respecto, la referida disposición constitucional dispone expresamente que "Toda persona declarada culpable tiene derecho a recurrir del fallo" (49.1 constitucional) y, consecuencialmente, "Ninguna persona podrá ser obligada a declararse culpable" (artículo 49.5).

El derecho al debido proceso, que como ya se ha expresado, debe ser garantizado en todas las actuaciones del Estado y, por consiguiente, ha de regir el ejercicio de la potestad sancionadora penal y administrativa establece, en primer término, que todo aquel que ha sido imputado por la comisión de un delito, una infracción o una falta tiene que ser declarado culpable previamente; tiene que haber la convicción y pruebas suficientes que demuestren su responsabilidad; y, una vez determinada su culpabilidad, aquel tiene derecho a recurrir de la decisión que la ha declarado.

En segundo lugar, en virtud de las consecuencias que sobre la libertad de una persona conlleva el ejercicio del *ius puniendi* por parte del Estado, es a este a quien le corresponde precisar la culpabilidad o no de dicho sujeto y, en tal sentido, no podrá exigirle una declaración de culpabilidad.

De modo que "resulta concluyente que en Venezuela el ejercicio de la potestad sancionadora administrativa requiere como requisito esencial la exigencia de la culpabilidad del autor de la infracción, razón por la cual, en ese contexto se configura un sistema de responsabilidad subjetiva, y se excluye totalmente el sistema de responsabilidad objetiva o por resultado"[47].

En virtud del principio de culpabilidad, es inconcebible la presencia de las denominadas sanciones de plano y los ilícitos administrativos objetivos, de los que se pretende derivar la posibilidad de sancionar al particular por el solo hecho de que se haya producido una infracción sin que se demuestre previamente la responsabilidad de aquel. En conclusión:

---

[47]   José Peña Solís: *La Potestad Sancionatoria de la Administración Pública Venezolana. Ob. cit.,* p. 175.

[...] la configuración del ilícito administrativo exige que en la realización de la conducta tipificada como infracción concurra la culpabilidad del infractor, en cualquiera de sus grados. Por ende, si el comportamiento infractor no fuera atribuible al sujeto responsable a título de dolo o culpa leve o grave, quedaría excluida la aplicación de sanción administrativa alguna, y solo resultaría procedente el restablecimiento del orden infringido a través de medidas correctivas no sancionatorias[48].

D. *Principio de presunción de inocencia*

El artículo 49.2 constitucional impone el derecho de toda persona a que se le presuma inocente en el transcurso de cualquier proceso penal o procedimiento administrativo, presunción que solamente puede ser destruida cuando se demuestre lo contrario mediante pruebas suficientes.

Dicho en términos de la propia Constitución: "Toda persona se presume inocente mientras no se pruebe lo contrario".

Para garantizar este derecho, que se configura necesariamente como un principio rector que rige la actuación de la Administración pública en el ejercicio de su potestad sancionadora, es obligatorio que el órgano administrativo cumpla con una serie de conductas que le permitan destruir la referida presunción, es decir:

[...] a) recab[e] la prueba de los hechos constitutivos de la infracción; b) demuestr[e] que esos hechos encuadran en los elementos determinantes del tipo configurador de la infracción; c) ten[ga] en cuenta que no resultan válidos a los fines de la referida destrucción los simples indicios o conjeturas; y, d) motiv[e] suficientemente el acto sancionatorio en el cual queda reflejada la destrucción de la presunción. Sólo si el órgano administrativo da cumplimiento acumulativamente a esos requisitos habrá demostrado la certeza de los hechos y la certeza de la culpabilidad del administrado y, en consecuencia, estará habilitado legalmente para imponerle la sanción.

---

48 Carmelo De Grazia Suárez: "Derechos de los Particulares en los Procedimientos Administrativos Sancionatorios". *Ob. cit.*, p. 28.

De lo contrario estará impedido de sancionarlo, so pena de incurrir en la violación bajo examen[49].

Por su parte, la Sala Político Administrativa del Tribunal Supremo de Justicia, ha dicho que la presunción de inocencia:

[...] Abarca tanto lo relativo a la prueba y a la carga probatoria, como lo concerniente al tratamiento general dirigido al imputado a lo largo del procedimiento. En virtud de ello, la carga de la prueba sobre los hechos constitutivos de las pretensiones sancionadoras de la Administración, recae exclusivamente sobre ésta, y sólo puede entenderse como prueba la practicada durante un procedimiento, bajo la intermediación del órgano decisor y la observancia del principio de contradicción.

De manera que la violación al aludido derecho se produciría cuando del acto de que se trate se desprenda una conducta que juzgue o precalifique como 'culpable' al investigado, sin que tal conclusión haya sido precedida del debido procedimiento, en el cual se le permita al particular la oportunidad de desvirtuar los hechos imputados[50].

De las consideraciones anteriores, no cabe duda entonces que la presunción de inocencia prohíbe a la Administración pública, en el ejercicio de su potestad sancionadora, prejuzgar sobre la culpabilidad del administrado en el sentido de considerarlo culpable de antemano y sin que haya concluido el respectivo procedimiento administrativo.

También, se deriva del mismo principio que quien tiene la obligación de demostrar la culpabilidad del ciudadano objeto del procedimiento sancionatorio es la Administración y de ninguna manera se puede invertir dicha carga al administrado.

---

[49]   Sentencia del Tribunal Constitucional español dictada el 17 de diciembre de 1985, citada por el profesor José Peña Solís en su obra *La Potestad Sancionatoria de la Administración Pública Venezolana*. *Ob. cit.*, p. 200.

[50]   Sala Político Administrativa del Tribunal Supremo de Justicia. Sentencia N° 1.887 de fecha 26 de julio de 2006. Página Web del Tribunal Supremo de Justicia. http://www.tsj.gob.ve/. Consultada 24/4/2016.

Al respecto se ha expresado que:

Como lo ha advertido el Tribunal Constitucional Español, no puede suscitar ninguna duda que la presunción de inocencia rige sin excepciones en el ordenamiento sancionador y ha de ser respetada en la imposición de cualesquiera sanciones pues el ejercicio del *ius puniendi* en sus diversas manifestaciones está condicionado al juego de la prueba. En consecuencia, toda resolución sancionadora, sea penal o administrativa, requiere a la par de certeza sobre los hechos imputados, obtenida mediante pruebas de cargos, y certeza del juicio de culpabilidad sobre los mismos hechos, de manera que se rechaza tanto la responsabilidad presunta y objetiva como la inversión de la carga de la prueba en relación con el presupuesto fáctico de la sanción. La presunción de inocencia alcanza no sólo a la culpabilidad, entendida como nexo psicológico entre el autor y la conducta reprochada, sino también, y muy especialmente, a la realidad de los hechos imputados. (*Cfr.* Sentencia 76/1990, del 26 de abril, citada por De Palma del Teso, Ángeles. *El principio de culpabilidad en el derecho administrativo sancionador.* Edit. Tecnos. Madrid 1996, pp. 62)[51].

E. *Principio de proporcionalidad*

Este principio concierne directamente a la determinación cuantitativa y cualitativa de la sanción a imponer ante la comprobación cierta de que un sujeto es culpable de haber violado una norma de Derecho administrativo.

La sanción cumple con un doble objetivo: a) reprimir la conducta violatoria; y, b) prevenir la repetición de la misma, de manera tal que del principio de proporcionalidad surge la necesidad de que, en la determinación cuantitativa de la sanción, se sopese con sumo equilibrio la gravedad de los hechos y las características del infractor para que se cumpla con la finalidad de la sanción, es decir, que no termine siendo tan extrema que limite excesivamente los derechos del transgresor, ni que sea tan leve que no cumpla con su función de prevención.

---

[51] Carmelo De Grazia Suárez: "Derechos de los Particulares en los Procedimientos Administrativos Sancionatorios". *Ob. cit.*, p. 30.

De ahí que este principio constituye un límite tanto para el legislador cuando regula y prevé las sanciones; como para la Administración pública cuando, una vez determinada la culpabilidad, las impone[52].

Para una mayor concreción del principio de proporcionalidad se han establecido criterios de graduación[53] de las sanciones administrativas vinculados tanto con la intencionalidad o reiteración de los comportamientos ilícitos, así como con los daños ocasionados y la reincidencia en la comisión de la misma infracción, criterios que se sustentan en las siguientes reglas:

a) la *regla de la moderación,* que supone que las sanciones que se impongan deben ser las estrictamente necesarias para que el mal infringido cumplan con su finalidad represiva y preventiva[54];

b) la *regla de la discrecionalidad limitada* que opera cuando el *quantum* o el tipo de la sanción por la infracción, esté previsto en la ley sobre la base de rangos cuantitativos, entonces la decisión de la Administración no es totalmente libre pues está sujeta al control de los órganos contencioso administrativos; y,

c) la *regla del control judicial sustitutivo,* que aparece estrechamente relacionada con la anterior, ya que implica que toda imposición de sanción, especialmente la que es producto de una decisión discrecional limitada, es revisable por el juez[55].

F. *Principio non bis in idem*

El principio del *non bis in idem* entraña que una persona no puede ser sancionada dos o más veces por la comisión de un

---

[52] *Cfr.* José Peña Solís: *La Potestad Sancionatoria de la Administración Pública Venezolana. Ob. cit.,* pp. 187 y ss.

[53] *Ibídem.*

[54] *Ibídem.*

[55] *Ibídem.*

mismo hecho y tiene como fundamento el principio procesal de la cosa juzgada previsto en el artículo 49.7 constitucional cuyo texto es del tenor siguiente: "El debido proceso se aplicará a todas las actuaciones judiciales y administrativas; en consecuencia: (…) 7. Ninguna persona podrá ser sometida a juicio por los mismos hechos en virtud de los cuales hubiese sido juzgada anteriormente".

Este principio está unido al principio de proporcionalidad en cuanto a lo que ambos persiguen es evitar que la sanción que se aplique sea desproporcionada en relación a los hechos que le han dado origen, lo cual se impide precisamente prohibiendo la posibilidad de que se puedan imponer sanciones administrativas y penales por un mismo hecho, o que ese mismo hecho sea sancionado dos veces por parte de la Administración.

Es importante entender cómo funciona este principio ante la posibilidad de que un idéntico sujeto pueda ser sancionado por iguales hechos como consecuencia de la aplicación de distintas normas administrativas, o de la aplicación conjunta de normas penales y administrativas.

Dependiendo del ámbito normativo de que se trate y de la esfera en la que se desarrolla la potestad sancionadora, hay que hacer ciertas aclaraciones a los fines de que se cumpla el principio constitucional de *non bis in idem*.

Así, ante dos o más normas administrativas que sancionen idénticos hechos cometidos por una misma persona y que pudieran dar lugar al inicio de procedimientos administrativos diversos, el principio de *non bis in idem* exige la prohibición de la apertura simultánea o sucesiva de dos procedimientos, por lo que si se produjera tal situación -por cuanto son llevados por órganos administrativos diferentes-, la decisión que resuelva por primera vez el asunto planteado es la que debe ser tomada en cuenta por el órgano decisor que esté sustanciando el segundo de los procedimientos.

En cuanto a la prohibición de la apertura sucesiva de dos procedimientos el *non bis in idem* exige que si en el primer procedimiento la persona es declarada inocente "automáticamente procederá la interdicción para la apertura del segundo y, desde luego, si es declarada culpable y sancionada, con mayor razón se configurará la interdicción, pues no debe plantearse ni siquiera la posibilidad de la doble sanción por los mismos hechos"[56].

En cambio, si se verificara la concurrencia de normas penales y administrativas que establezcan sanciones por la comisión de unos mismos hechos, tipificados como delitos e infracciones respectivamente, hay que poner en evidencia que, si los procedimientos son abiertos simultáneamente por la Administración pública y por los tribunales penales, el que se ha iniciado en sede administrativa debe paralizarse hasta tanto no se decida el proceso penal. En este supuesto, en caso de que el tribunal penal dictara una sentencia absolutoria, la Administración podría iniciar o continuar con el procedimiento sancionatorio suspendido e imponer la sanción una vez demostrada la culpabilidad del administrado.

Con relación a este punto, creemos clarificadores los criterios elaborados por el Tribunal Supremo español citados por Peña Solís en la obra que nos ha sido de referencia en este trabajo:

Es necesario insistir en la vinculación de la Administración – en la hipótesis de procedimientos administrativos sancionatorios sucesivos-, a los hechos declarados probados por los tribunales penales, y a tal efecto, consideramos muy importante la sentencia dictada por el Tribunal Supremo español el 19 de abril de 1999, en la cual se recogen las diversas hipótesis relacionadas con tal situación, a saber: a) si el Tribunal penal declara inexistentes los hechos, no puede la Administración imponer por ellos sanción alguna; b) si el Tribunal declara la existencia de los hechos pero absuelve por otras causas, la Administración debe tenerlos en cuenta y, valorándolos desde la perspectiva del ilícito administrativo distinta de la penal; y, c) si el Tribunal constata simplemente que los hechos no se

---

[56] José Peña Solís: *La Potestad Sancionatoria de la Administración Pública Venezolana. Ob. cit.*, p. 241.

han probado, la Administración puede acreditarlos en el expediente administrativo, y, si así fuera, sancionarlos administrativamente[57].

También, la doctrina española ha expresado lo siguiente:

La subordinación de los actos de la Administración de imposición de sanciones a la autoridad judicial exige que la colisión entre una actuación jurisdiccional y una actuación administrativa haya de resolverse a favor de la primera. De esta premisa son necesarias las siguientes consecuencias: a) el necesario control a posteriori por la autoridad judicial de los actos administrativos mediante el oportuno recurso; b) la imposibilidad de que los órganos de la Administración lleven a cabo actuaciones o procedimientos sancionadores en aquellos casos en que los hechos puedan ser constitutivos de delito o falta según el Código penal o las leyes penales especiales, mientras la autoridad judicial no se haya pronunciado sobre ellos, y c) la necesidad de respetar la cosa juzgada, añadiendo finalmente que esa subordinación exige que la Administración respete "el planteamiento fáctico que los tribunales hayan realizado con anterioridad" [asimismo, STC de 20 de enero de 1987 (Aranzadi 256)]. Por tanto, esa doctrina jurisprudencial que vincula a todos los jueces y tribunales (artículo 5.1 de la LOPJ) impone en todo caso la subordinación de la actuación administrativa al desarrollo del proceso penal (STS de 23 de diciembre de 1959 y 23 de mayo de 1986), por lo que si un mismo hecho puede ser constitutivo de delito o falta penal y de infracción administrativa, además de existir la obligación por las autoridades administrativas de comunicar al juez penal competente tales hechos en el momento que tengan conocimiento de ellos, impone la paralización del proceso sancionador mientras la autoridad judicial no se haya pronunciado sobre el tema; por ejemplo, STS de 24 de diciembre de 1985 (Aranzadi 6545), que ordena la suspensión de la orden de retirada de licencia de armas por haber matado un jabalí hasta que no se declaren como probados los hechos imputados en la jurisdicción penal. En parecidos términos, STS de 21 de enero de 1987 (Aranzadi 1796), con la consecuencia que si la sentencia penal declara que los hechos imputados no han existido o

---

[57]   *Ibídem*, p. 224.

bien que el expedientado no ha participado en los mismos, dicha afirmación vincula por completo a la Administración pública [STS de 12 de mayo de 1973 (Aranzadi 1058), 29 de enero de 1981 (Aranzadi 1586), 15 de junio de 1984 (Aranzadi 4026), 28 de septiembre de 1984 (Aranzadi 4524) y 20 de enero de 1987 (Aranzadi 256)][58].

G. *Principio de prescripción*

El principio de prescripción exige que la Administración pública ejerza su potestad sancionadora e imponga las sanciones correspondientes durante un periodo específico, por lo que ante el transcurso del tiempo sin que ejecute la referida potestad, la responsabilidad administrativa del ciudadano se extingue como consecuencia de la inactividad sancionadora.

Este principio se sustenta en los valores de libertad, tutela judicial efectiva y seguridad jurídica de los administrados, ya que es contrario a los mismos permitir que el Estado pueda perseguir *ad infinitum* a un sujeto.

En conexión a este principio, la Sala Político Administrativa de la antigua Corte Suprema de Justicia estableció en su sentencia de fecha 25 de noviembre de 1999 que:

[...] uno de los principios que gobiernan la actividad punitiva del Estado, aplicable por tanto al proceso penal stricto sensu, y al procedimiento administrativo sancionador, es el de la prescripción de la acción sancionatoria.

La aceptación de la prescripción como principio general, se traduce en que dicha institución puede llegar a aplicarse incluso por analogía, en ausencia de una norma que fije el lapso de prescripción aplicable para un determinado campo de la actividad administrativa sancionatoria. Así lo ha entendido esta Sala, al sostener, en sentencia del 23 de febrero de 1995, que,

---

[58] Juan Manuel Trayter Jiménez: "Protección del medio ambiente. Sanciones administrativas y competencias locales", en *Fundación Democracia y Gobierno Local*. http://docplayer.es/3137302-Proteccion-del-medio-ambiente-sanciones-administrativas-y-competencias-locales.html. Consultada el 2/11/2016.

en ausencia de un plazo especial, son aplicables las reglas generales contenidas en el Código Penal a los fines de establecer el lapso de prescripción de la acción administrativa.

Los motivos lógicos que sirven de fundamento al instituto de la prescripción, son diversos, y entre ellos suelen invocarse razones de seguridad jurídica, representadas por la necesidad de que no se prolongue indefinidamente situaciones expectantes de posible sanción y su permanencia en el Derecho material sancionador; así como razones de oportunidad, pues se afirma que cuando pasa cierto tiempo se carece de razón para el castigo, porque en buena medida, al modificar el tiempo las circunstancias concurrentes, la adecuación entre el hecho y la sanción principal desaparece[59].

Tal y como lo señala el profesor Peña Solís[60], como quiera que en el ordenamiento venezolano no existe una norma general que prevea un procedimiento sancionatorio general y común en el que se determine con claridad de qué manera y bajo qué principios debe desarrollarse la potestad sancionadora y los principios sobre los cuáles esta se sustenta, se hace necesario en relación a la prescripción aclarar cuáles son los parámetros a tomar en cuenta a los efectos de que dicho principio se materialice.

En tal sentido, ha expresado que el inicio del lapso de prescripción de las infracciones administrativas debe ser contado a partir del día en que la infracción se comete. Asimismo, ha de entenderse que, si después de notificada la sanción al particular transcurre un plazo sin que la misma se haya concretado, la Administración Pública no podrá hacerla efectiva.

Por otra parte, la interrupción del lapso de prescripción de la potestad sancionatoria se produce con el inicio del procedimiento sancionatorio y su debida notificación al interesado; y se

---

[59]   Sentencia de la Sala Político Administrativa de la Corte Suprema de Justicia N° 1622, expediente N° 5.840, citada por Carmelo De Grazia Suárez: "Derechos de los Particulares en los Procedimientos Administrativo Sancionatorios". *Ob. cit.*, p. 34.

[60]   José Peña Solís: *La Potestad Sancionatoria de la Administración Pública Venezolana. Ob. cit.*, pp. 251 y ss.

reanuda dicho lapso si el procedimiento sancionatorio es interrumpido durante un tiempo determinado que no debería ser más de seis meses. Transcurrido este tiempo, tendría que entenderse que el procedimiento sancionatorio se ha extinguido en aras de garantizar el derecho a la tutela judicial efectiva de los administrados[61].

4. *El procedimiento administrativo sancionatorio*

Debido a que la Constitución atribuye a la Administración pública la posibilidad de afectar la esfera jurídica de los ciudadanos para proteger los intereses generales, se impone la necesidad de que la actividad administrativa esté sometida a una norma previa la cual no solo la crea -delimitando el ámbito de sus competencias y los órganos y entes titulares de la misma-, sino que también anticipa cómo debe ser ejecutada, mediante el diseño previo del camino que ha de recorrer la Administración para formar su voluntad y exigir su cumplimiento.

Ese camino que ha de transitar el Poder Público, en ejercicio de la función administrativa, se denomina procedimiento administrativo y constituye una herramienta que busca ordenar la actuación administrativa y establecer sus límites, en aras de garantizar los derechos de las personas. En efecto, tal y como lo señala la doctrina:

> [...] no basta la consagración normativa constitucional de los derechos subjetivos y de las libertades públicas para que su ejercicio esté asegurado, sino que también es indispensable que el ordenamiento jurídico procesal, facilite los medios instrumentales para el efectivo ejercicio de los derechos constitucionalizados, y de entre ellos el procedimiento administrativo es la más idónea herramienta que el Derecho arbitra como reaseguro contra los desbordes del obrar de la Administración[62].

---

61   *Ibídem.*, pp. 264 y ss.

62   Roberto Dromi: *El procedimiento administrativo*. Ciudad Argentina. Buenos Aires 1999, p. 18.

A. *Definición del procedimiento administrativo sancionatorio*

Se entiende por procedimiento administrativo[63] un camino, una vía, un cauce formal constituido por un conjunto de pasos

---

[63] El procedimiento administrativo es el procedimiento de la función administrativa, "el *iter* procedimental que ha de seguirse para la realización de la actividad jurídica de la Administración, el cauce formal que debe discurrir la Administración". Jesús González Pérez: *Manual de Procedimiento Administrativo*. Civitas Ediciones, Madrid 2000, p. 74. En este mismo sentido, Ramón Parada ha dicho que "...el procedimiento administrativo constituye hoy la propia forma de la función administrativa, de la misma manera que el proceso lo es de la función judicial y el procedimiento parlamentario de la función legislativa". Y el autor citado define al procedimiento administrativo en los siguientes términos: "El procedimiento administrativo –equiparable en términos sustantivos con el proceso judicial, pues se trata de ambos casos de un conjunto de actividades y actuaciones previas a la emisión de una resolución o acto típico de las correspondientes funciones- podíamos definirlo, como lo hace la Ley de Procedimiento de la República Federal de Alemania de 1967, como aquella 'actividad administrativa con eficacia extrema, que se dirige al examen, preparación y emisión de un acto administrativo o a la conclusión de un convenio jurídico público, incluyendo la emisión del acto administrativo o a la conclusión de un convenio'". Parada, R. *Derecho Administrativo I. Parte General*, Decimo Tercera Edición. Marcial Pons. Madrid 2002, p. 219. El profesor Gordillo nos habla del procedimiento administrativo como una ciencia que estudia esta forma de actuar de la Administración Pública y desde la perspectiva de los sujetos a los cuales va dirigido la formación de la voluntad; en tal sentido, señala que: "Definimos al procedimiento administrativo como la parte del derecho administrativo que estudia las reglas y principios que rigen la intervención de los interesados en la manera de actuar de los interesados en la preparación e impugnación de la voluntad administrativa. Estudia por tanto la participación y defensa de los interesados (un particular, un funcionario o una autoridad pública; una persona jurídica, por ejemplo una asociación de vecinos, usuarios, interesados o administrados) en todas las etapas de la preparación de la voluntad administrativa (sea de tipo individual como general; en este último caso es específicamente el procedimiento de audiencia pública que debe seguirse, sin perjuicio del trámite administrativo corriente) y desde luego, cómo debe ser la tramitación administrati-

sucesivos concatenados entre sí, previamente establecido por el Derecho, que la Administración pública debe recorrer obligatoriamente para lograr un fin: la formación de su voluntad expresada en un acto jurídico denominado acto administrativo[64].

El profesor Araujo Juárez nos explica que:

> Puede entenderse al procedimiento como una línea recta, en la que para pasar de un extremo a otro es preciso recorrer los puntos intermedios, o bien referirse a una cadena en la que el rompimiento de un eslabón, produciría la ineficacia de los anteriores y la invalidez de los siguientes, asimismo, que los actos singulares del procedimiento sean más bien partes de un todo o etapas de un camino (Villar Palasí).

> Así, se comprenderá como la nulidad de un acto o trámite esencial del procedimiento, o simplemente su omisión, arrastre consigo la ineficacia (nexo de eficacia) y, sobre todo, acarrea la anulación de todas las actuaciones subsiguientes (nexo

---

va en todo lo que se refiere a la defensa, participación e intervención de dichos interesados. Estudia en particular la defensa de los interesados, y como lógica consecuencia de ello la impugnación de los actos y procedimientos administrativos por parte de éstos". Agustín Gordillo: *Tratado de Derecho Administrativo*. Tomo 2. *La Defensa del usuario y del administrado*. Primera edición venezolana. FUNEDA. Caracas 2001, p. IX-7.

[64] El procedimiento administrativo "nunca debe considerarse como un fin en sí mismo, sino como un instrumento, un cauce para alcanzar un fin, el procedimiento administrativo es una concatenación de actos administrativos preparatorios y preordenados para la determinación de los efectos finales; es, se concluye, un camino de formación del acto administrativo. Lo que importa es el fin al cual sirve el procedimiento administrativo, ya que aquel tiene razón de ser por la existencia de éste". José Araujo Juárez: *Tratado de Derecho Administrativo Formal*. Vadell Hermanos Editores. Tercera Edición corregida y aumentada. Caracas, Venezuela 1998, p. 16. *Vid* en este mismo sentido a Dromi en la obra citada *El procedimiento administrativo*, p. 36.

de legalidad), que obliga a reponer el procedimiento administrativo al Estado en que se encontraba cuando la causa de la nulidad se produjo (Gasparri)[65].

Se define, por tanto, al procedimiento administrativo como una sucesión de actos anticipadamente establecidos en la ley, que deben ejecutar los titulares de la función administrativa para conformar la voluntad administrativa[66], por lo que sus rasgos esenciales son los siguientes:

- Es un cauce formal[67] diseñado en una norma previa y constituido por una sucesión de pasos que se interrelacionan entre sí;

- de obligatorio cumplimiento por parte de los titulares de la función administrativa;

- cuyo recorrido debe ser transitado para a la emanación de la voluntad administrativa, objeto del mismo.

El procedimiento administrativo se concibe, entonces, con el fin de ordenar la actuación administrativa y satisfacer dos premisas esenciales en el marco de un Estado constitucional:

a) garantizar y respetar los derechos de los ciudadanos mediante el establecimiento previo de los límites de la actuación administrativa; y,

---

[65]   *Cfr.* José Araujo Juárez: *Tratado de Derecho Administrativo Formal. Ob. cit.*, p. 89.

[66]   "El procedimiento administrativo puede ser definido como el conjunto de trámites ordenados y previstos en la Ley, a través de los cuales la Administración realiza su actividad, a fin de dar cumplimiento al principio constitucional de Administración vicarial." José Ignacio Hernández: *Lecciones de Procedimientos Administrativo. Lecciones de procedimiento administrativo.* Fundación de Estudio de Derecho Administrativo. Caracas 2012, p. 69.

[67]   Es un cauce formal: las formalidades deben responder siempre a la satisfacción del interés general, cuando ello no sea así hay que rechazarlas. Sobre la importancia de la forma en el procedimiento administrativo se recomienda la lectura del trabajo del Profesor *Ob. cit.*

b) asegurar el eficiente y eficaz cumplimiento de los fines de
interés público atribuidos a los titulares del ejercicio de la
función administrativa[68].

Hechas las consideraciones anteriores, resulta bastante sen-
cillo definir el procedimiento administrativo sancionatorio visto
que es una de las modalidades o especies del procedimiento
administrativo general.

En tal sentido, definimos al *procedimiento administrativo sancionatorio* como el **cauce formal** establecido previamente en la
ley, que la Administración pública está obligada a transitar
cada vez que ejerce su potestad sancionadora para determinar:
a) la violación o no de alguna norma de Derecho administrativo; b) el sujeto responsable de tal violación; y, c) la sanción a
imponer, en caso de que proceda.

---

[68] El profesor Brewer-Carías expresa la idea según la cual el procedimiento administrativo ha de entenderse como instrumento cuya finalidad consiste en: "primero: la consecución del interés general; segundo, la satisfacción del interés del administrado, y tercero, el logro del interés de la propia Administración sometida a
la legalidad". *Vid.* "Los principios generales del Procedimiento
Administrativo en la Ley 1.437 de 2001 contentiva del Código de
Procedimiento Administrativo y de lo Contencioso Administrativo de Colombia", en *Visión Actual de los Procedimientos* Administrativos, *Ob. cit.*, p. 45.

Por su parte José Ignacio Hernández expresa que los fines del
procedimiento administrativo se reconducen a tres finalidades
constitucionales: "garantizar el derecho a la defensa; garantizar el
derecho a la participación ciudadana y promover el principio de
buena Administración. José Ignacio Hernández: *Lecciones de Procedimiento Administrativo, Ob. cit.*, p. 67. En estos mismos términos
se recomienda la lectura del artículo de Armando Canosa "El debido proceso adjetivo en el procedimiento administrativo", en
*Procedimiento y Proceso Administrativo. Jornadas realizadas por la ca-
rrera de Especialización de Derecho Administrativo Económico. Facultad de Derecho. Director Juan Carlos Cassagne.* Editorial LexisNexis y
Universidad Católica Argentina. Argentina 2005, p. 102.

Al mismo tiempo, el procedimiento administrativo sancionatorio es **una garantía** dirigida a proteger el respeto absoluto del derecho a la defensa del administrado investigado[69].

Precisamente porque el procedimiento sancionatorio es el cauce formal del *ius puniendi* de la Administración pública, además de regirse por todos los principios y garantías del procedimiento administrativo ordinario, contiene así mismo aquellos que encauzan la potestad sancionadora penal y que van orientados a salvaguardar el derecho a la defensa del administrado[70].

La existencia del procedimiento sancionatorio es consecuencia de la obligación de garantizar el derecho a la defensa del administrado y tiene como finalidad la materialización de dos objetivos:

> [...] en primer lugar, constituye un mecanismo de corrección de la actividad administrativa desde que permite al órgano con potestad sancionadora comprobar fehacientemente si se ha cometido algún ilícito; en segundo término, es el medio que

---

[69]   Se ha definido al procedimiento sancionador como "el procedimiento a través del cual se ejerce la potestad sancionadora de la Administración; su objeto es verificar si se ha cometido una transgresión jurídico-administrativa para la que se prevé una sanción y, en consecuencia, se impone o no ésta". José González Pérez: *Manual de Procedimiento Administrativo*. Editorial Cívitas, Madrid 2000, p. 455.

[70]   Santamaría Pastor ha precisado que: "el procedimiento administrativo sancionador es igualmente capital, debiendo cumplir una doble función: de una parte, su funcionalidad para la correcta determinación de los hechos y de las circunstancias particulares del inculpado; y, de otra, la prestación a este de las garantías de defensa, doblemente necesarias en el ejercicio de la actividad, como la sancionadora, cuya capacidad de incidencias y lesión en la persona y patrimonio de los ciudadanos es muy superior a la del resto de las actividades que la Administración desarrolla". Juan Alfonso Santamaría Pastor: *Principios de Derecho Administrativo*, Volumen II. *Ob. cit.*, *Ob. cit.*, p. 401.

asegura al presunto infractor, ejercer su derecho a la defensa, alegando y probando lo que le resulte favorable, y controlando, a la par, la actuación inquisitiva de la Administración"[71].

De acuerdo a lo anterior, no es posible que la Administración pública infrinja una sanción sin que se haya ejecutado con antelación el procedimiento sancionatorio respectivo o que, habiéndolo instruido, no haya garantizado al particular su participación en el mismo; en estos supuestos, la sanción dictada sobre la base de pruebas promovidas y evacuadas únicamente por el órgano de la Administración, estaría viciada de nulidad absoluta al violar el derecho constitucional fundamental a la defensa. En efecto:

la existencia de pruebas evacuadas unilateralmente por la Administración para comprobar los hechos que dieron origen a la medida punitiva, no pueden invocarse para convalidar el acto sancionatorio dictado, ya que la falta de audiencia del interesado es un vicio de tal gravedad, que afecta todas las actuaciones que hubiere realizado la administración a su espalda. Por ello, la jurisprudencia sostiene, con razón, que son inválidas e insuficientes las pruebas evacuadas por la Administración sin que el sujeto sancionado hubiere tenido participación en su desarrollo, ni dispusiese de los medios y recursos para contradecirlas o invalidarlas[72].

---

[71] Carmelo De Grazia Suárez: "Derecho de los particulares en los Procedimientos Administrativos Sancionatorios". *Ob. cit.*, p. 3. *Cfr.* también José Araujo-Juárez: "La teoría de la forma y el derecho fundamental de defensa ante la Administración Pública", en *Libro Homenaje Universidad Central de Venezuela. Facultad de Ciencias Jurídicas y Políticas, 20 años de especialización en Derecho Administrativo. Estudios de Derecho Administrativo*, Vol. I. Editores: Fernando Parra Aranguren, Armando Rodríguez García. Tribunal Supremo de Justicia. Colección Homenaje N° 2. Caracas, Venezuela, 2001, pp. 53-67.

[72] *Ibídem.*

B. *El derecho a la defensa en el procedimiento administrativo sancionatorio de conformidad con el artículo 49 constitucional como una de las garantías esenciales para la materialización del debido proceso*

En nuestro ordenamiento jurídico es incuestionable, de conformidad con el artículo 49 de la Constitución, que el debido proceso y, consecuentemente, el derecho a la defensa han de constituir el eje central de la actuación de la Administración pública cuando inicia y desarrolla un procedimiento administrativo sancionatorio que tiene como objetivo conocer si la persona objeto del mismo ha o no violado alguna norma administrativa.

El artículo 49 constitucional es una disposición esencial dentro de nuestro sistema jurídico toda vez que su materialización hace efectivo y real el contenido del artículo 2 de la Constitución cuyo texto consagra al Estado venezolano como un Estado de derecho y de Justicia. Efectivamente, este artículo es una norma:

[...] integral e integrador(a) de un conjunto de derechos fundamentales de los ciudadanos, al cual se le atribuye la denominación de **debido proceso**, y resulta vital para la defensa del derecho de libertad, concebido en sentido amplio. Decimos que es integral, porque contiene un conjunto de derechos-garantías, alguno de los cuales tienen un carácter sustantivo y adjetivo a la vez, y desde esta última perspectiva devienen en el instrumento básico para la defensa de cualquier otro derechos frente a los poderes públicos y a los particulares, e integrador, porque mediante el ejercicio concordado de todos esos derechos, no sólo se logra el plano respeto a la libertad de los ciudadanos, sino que desde la perspectiva teleológica contribuye al logro gradual, pero efectivo, del deseado Estado de derecho y de justicia proclamado en el artículo 2 de la Constitución[73].

---

[73] José Peña Solís: *La Potestad Sancionatoria de la Administración Pública Venezolana. Ob. cit.*, p. 112.

En concordancia con lo anterior, el Tribunal Supremo de Justicia[74] ha dicho que el debido proceso y, por tanto, el derecho a la defensa en el ámbito de los procedimientos que cursan en sede administrativa deben estar conformados por los elementos constitutivos previstos en el artículo 49 de la Constitución.

De ahí que la Administración pública está obligada a permitir y garantizar que, durante la pendencia del procedimiento sancionatorio, el administrado ejerza su derecho a **la defensa** y pueda ser **asistido jurídicamente** en todo Estado y grado del mismo, sin limitación alguna así como tener a su disposición el tiempo necesario y suficiente que le permita preparar apropiadamente su defensa para lo cual es necesario: i) la notificación de los actos administrativos; ii) el derecho a contradecir los hechos y dichos de la Administración pública y a ser oído por esta; iii) la presunción de inocencia; iv) el derecho a la doble instancia; y, finalmente v) el derecho a no declarar contra sí mismo.

a. *Derecho a la notificación*

El derecho a la notificación del administrado previsto en el numeral 1 del artículo 49 constitucional, se refiere a la obligación de la Administración pública de dar a conocer debidamente todo acto administrativo de trámite o definitivo que se dicte durante el desarrollo del procedimiento administrativo sancionatorio y que afecte la esfera jurídica de aquel, ampliando o limitando sus derechos y deberes.

En tal sentido y, en primer término, los actos administrativos de trámite que dan inicio a un procedimiento administrativo sancionatorio deben ser dados a conocer debidamente al administrado objeto de dicho procedimiento, para que sepa las razones de hecho y de derecho que lo han motivado y pueda así participar en su desarrollo aportando los elementos fácticos y jurídicos que considere oportunos a los fines de su defensa.

---

[74] Mediante sentencia N° 1734 del 16/12/2009, dictada por la Sala Constitucional del Tribunal Supremo de JusticiaPágina Web del Tribunal Supremo de Justicia. http://www.tsj.gob.ve/. Consultada el 11/11/2016.

Esta notificación es esencial, su ausencia implica el desconocimiento total por parte del investigado de lo que en sede administrativa pudiera resolver la Administración pública en relación a su esfera jurídica. Esta situación viciaría de nulidad absoluta el acto administrativo que le pondría fin al procedimiento sancionatorio por lo que, declarada su nulidad por el órgano competente, la Administración se vería en la obligación de eliminar del ordenamiento jurídico todas y cada una de las actuaciones que se hayan producido a espaldas del administrado y retrotraer, por tanto, el procedimiento administrativo sancionatorio al momento en el cual debía ser notificado el administrado.

En segundo lugar, el acto administrativo que da por terminado el procedimiento sancionatorio y, en consecuencia, resuelve el objeto del mismo, debe también ser necesariamente notificado al administrado o administrados interesados con el fin de que estos puedan ejercer contra el mismo los recursos administrativos o jurisdiccionales que consideren oportunos, o bien ejecutar su contenido.

Si el acto administrativo que pone fin al procedimiento sancionatorio no es notificado se considera ineficaz, es decir, no podrá surtir efectos jurídicos, ni podrá exigirse su cumplimiento, aun cuando el mismo goce de validez porque se entienda que ha sido dictado conforme a derecho[75].

---

[75] "El primero de los llamados derechos de defensa es, obviamente, el conocer de la acusación formulada. Mal puede uno defenderse si no está informado perfectamente, con claridad y rigor, de los hechos considerados punibles, su participación en los mismos, las normas infringidas y las sanciones que pueden serle de aplicación. Resulta fácilmente constatable la importancia y trascendencia de este derecho. Sin él todos los demás carecen de sentido. La defensa se convierte en una pura pantomima sin eficacia alguna y sin ningún rigor. El procedimiento y sus concretas garantías posteriores en el tiempo se derrumbarán cual castillo de naipes por una falta de consistencia en la base, en los cimientos sobre los que se sustentan derechos tan importantes como el de audiencia, que se convertirá en una formal e inútil posibilidad de alegar no se

b.   *El derecho a ser oído y al contradictorio*

El derecho a ser oído se encuentra regulado en el numeral 3 del artículo 49 bajo estudio, el cual señala que el debido proceso se aplicará a todas las actuaciones judiciales y administrativas, en consecuencia, "Toda persona tiene derecho a ser oída en cualquier clase de proceso, con las debidas garantías y dentro del plazo razonable determinado legalmente por un tribunal competente, independiente e imparcial establecido con anterioridad. Quien no hable castellano, o no pueda comunicarse de manera verbal, tiene derecho a un intérprete".

Notificada al administrado la apertura del procedimiento sancionatorio, es igualmente forzoso que este conozca los elementos de hecho y de derecho sobre los que se basó el órgano administrativo para iniciar el referido procedimiento y que tenga acceso, durante el tiempo necesario, a la totalidad del expediente administrativo y a los elementos probatorios utilizados por aquel, a los fines de buscar los medios suficientes que le permitan defenderse y contradecir los dichos y hechos que propone la Administración pública.

Así, con relación al derecho al contradictorio:

Ha sido entendido tradicionalmente como aquel dirigido a garantizarle a los sujetos involucrados en una actuación administrativa, no sólo la presencia formal dentro de la misma, sino también la confrontación y debate material de todos y cada

---

sabe qué, de rebatir algo que se ignora o de lo que no se tiene pleno conocimiento, situando al "acusado" en la más pura e impotente indefensión. En esa línea, el Tribunal Constitucional ha afirmado que "el derecho a ser informado de la acusación" como principio establecido en el artículo 24 de la Constitución no es exclusivo del orden penal, sino que tiene su vigencia frente a todas las instancias públicas represivas". Trayter Jiménez, J.M. "Protección del medio ambiente. Sanciones administrativas y competencias locales" en *Fundación Democracia y Gobierno Local*, p. 184. http://docplayer.es/3137302-Proteccion-del-medio-ambiente-sanciones-administrativas-y-competencias-locales.html. 11/11/2015. Consultada el 16/11/2015.

uno de los elementos puestos a su consideración, al igual que los medios probatorios solicitados, ordenados y practicados. Implica, por lo tanto, la continua y permanente confrontación de criterios entre la Administración y los administrados o entre éstos últimos, incluso desde antes de que la Administración adopte cualquier tipo de decisión y, hasta el momento final en que se agoten la totalidad de las instancias, que deban realizarse ante la Administración en un caso determinado[76].

Ahora bien, de nada sirve garantizar el derecho de contradecir los hechos y las pruebas aportadas por la Administración pública, si esta en el momento en el que decida el asunto planteado no valora adecuadamente cada uno de los alegatos y pruebas que el administrado ha aportado durante el transcurso del procedimiento administrativo sancionatorio.

La jurisprudencia ha sostenido que existe violación al derecho a la defensa y al debido proceso cuando, no obstante permitirse al interesado presentar sus alegatos y pruebas, los mismos no son tomados en consideración o debidamente analizados. Así, en sentencia N° 05 de fecha 24 de enero de 2001, la Sala Constitucional del Tribunal Supremo de Justicia sostuvo lo siguiente:

Al respecto, es menester indicar que el derecho a la defensa y al debido proceso constituyen garantías inherentes a la persona humana y, en consecuencia, aplicables a cualquier clase de procedimientos. El derecho al debido proceso ha sido entendido como el trámite que permite oír a las partes, de la manera prevista en la Ley, y que ajustado a derecho otorga a las partes el tiempo y los medios adecuados para imponer sus defensas.

En cuanto al derecho a la defensa, la Jurisprudencia ha establecido que el mismo debe entenderse como la oportunidad para el encausado o presunto agraviado de que se oigan y analicen oportunamente sus alegatos y pruebas. En consecuencia, existe violación del derecho a la defensa cuando el interesado no conoce el procedimiento que pueda afectarlo, se le

---

76   Jaime Orlando Santofimio Gamboa: *El derecho a la defensa en las actuaciones administrativas. Situación jurisprudencial. Ob. cit.*, p. 30.

impide su participación o el ejercicio de sus derechos, o se le prohíbe realizar actividades probatorias. Precisado lo anterior, puede afirmarse que el presente caso, se evidencia claramente que existió violación del derecho a la defensa y al debido proceso, ya que los alegatos y pruebas relativas a la comprobación de que la empresa Supermercado Fátima era una sociedad mercantil con menos de diez trabajadores, no se tomaron en consideración al momento de dictar la sentencia accionada, y así se declara[77].

En tal sentido, cabe preguntarse si es constitucionalmente aceptable que existan procedimientos sancionatorios en los cuales sea posible exceptuar el derecho a ser oído, toda vez que existe legislación administrativa en nuestro ordenamiento jurídico que regula esta posibilidad.

En efecto, tal y como lo pone de manifiesto Carmelo De Grazia,

En sentencia de fecha 7 de marzo de 1995, la Sala Político-Administrativa de la Corte Suprema de Justicia, al analizar la necesidad de abrir un procedimiento sancionatorio para declarar la caducidad de una concesión administrativa, sugirió que existían algunos casos en los cuales no se requería la participación del interesado en el procedimiento administrativo sancionatorio. Es obvio -afirmó el Supremo Tribunal- "que la apertura del procedimiento para la verificación de la caducidad, salvo en los casos en que la constatación sea objetiva en el sentido de que dependa de un trámite que debe hacerse ante la misma Administración, como lo es el pago de impuestos y tasas, debe ser formulada al interesado a los fines de permitir que el mismo pueda desvirtuar su existencia".

Obsérvese, que, a juicio del Supremo Tribunal, la audiencia del interesado no condiciona la validez del acto sancionatorio, en aquellos casos en que la constatación sea objetiva en el sen-

---

tido de que dependa de un trámite que debe hacerse ante la misma Administración. La excepción de audiencia al interesado en estos casos, ha sido consagrada, incluso, a nivel legislativo: el Código Orgánico Tributario de 1994 (artículo 149, Parágrafo Único) permite imponer sanciones de plano, sin previo levantamiento del Acta Fiscal, ante el "incumplimiento de deberes formales"[78].

Así, de conformidad con lo anterior, en casos en los cuales la Administración tenga que de manera objetiva verificar el cumplimiento o no de deberes formales, en dónde quepa simplemente una constatación de que el ciudadano no ha realizado trámites ante el ente u órgano administrativo, es factible omitir su presencia a los fines de que pueda ejercer su derecho a la defensa, justificando esta excepción sobre la base de que el interesado tiene la opción de ejercer los recursos administrativos y contencioso administrativos que le permitan demostrar que el acto administrativo es nulo.

Tal posibilidad y regulación en leyes administrativas ha de ser rechazada y no debe admitir excepciones, por cuanto pueden conllevar a la emanación de sanciones injustas al no garantizarle al administrado la posibilidad de justificar, antes de que sea sancionado, el aparente incumplimiento de sus deberes formales y controlar durante el procedimiento constitutivo del acto sancionatorio la actuación legal de la potestad sancionadora. Efectivamente, coincidimos con lo expresado por Carmelo de Grazia cuando razona de la siguiente manera:

> Creemos, sin embargo, que en esos supuestos -i.e. cuando la imposición de la sanción administrativa deriva del incumplimiento de un trámite ante la Administración- también debe respetarse el derecho a la defensa del interesado y, consecuentemente, garantizar su participación en el procedimiento. En efecto, la aplicación de sanciones por incumplimiento de deberes formales, sin procedimiento, pueden dar lugar a situaciones injustas, como sería, por ejemplo, que el particular haya remitido los documentos oportunamente por vía de correo

---

[78]   Carmelo de Grazia Suárez: "Derecho de los particulares en los Procedimientos Administrativos Sancionatorios". *Ob. cit.*, p. 5.

(artículo 43 de la L.O.P.A.) y que por deficiencias en el servicio de correo, la Administración no reciba la documentación y proceda a aplicar la sanción administrativa al administrado, bajo la premisa falsa de que no cumplió con el deber formal relativo a la consignación de los documentos respectivos. Además, en este como en los otros casos, si no se garantiza la participación de interesado en el curso del procedimiento sancionatorio, se le priva de la oportunidad de controlar, durante la etapa formativa del acto, otros elementos igualmente importantes como la competencia subjetiva del funcionario sustanciador, el cual podría estar incurso en causal de inhibición.

Asimismo, si no se garantiza la audiencia previa, se priva al interesado del derecho de formular alegatos y suplicas, tanto más cuando en materia de sanciones administrativas la doctrina -incluso la más tradicional- sostiene que debe admitirse la prueba de la falta de conocimiento no culpable de la disposición administrativa infringida, opinión que, en cierta medida, ha sido recogida por la legislación. Sabemos que, en esos supuestos excepcionales, el interesado puede hacer uso de los recursos administrativos y judiciales para demostrar que el acto sancionatorio es nulo, pero ello resulta insuficiente, ya que (i) algunos alegatos (*vgr.* prescripción, eximentes de responsabilidad, necesidad de inhibición del funcionario, etc.) son propios de la fase constitutiva del acto; (ii) los tribunales del orden contencioso administrativo carecen de competencia para evaluar razones de mérito que podrían alegarse en la vía administrativa; y (iii) en la mayoría de los casos el acto produce y mantiene sus efectos negativos aún cuando se hubieren ejercido los pertinentes recursos[79].

c. *Derecho a la presunción de inocencia*

Ya mencionamos que el derecho a la presunción de inocencia del administrado consagrado en el numeral 2 del artículo 49, impone a la Administración pública la exigencia de que durante el desarrollo del procedimiento administrativo sancionatorio el o los administrados objetos del mismo sean considerados inocentes hasta tanto no se demuestre lo contrario con las prue-

---

[79] *Ibídem.*

bas aportadas legalmente en el expediente. Al respecto hay que decir que no existe contradicción entre este derecho, el de la presunción de inocencia, frente a la presunción de legalidad de las actuaciones de la Administración pública.

En tal sentido, la presunción de legalidad de la actuación de los órganos administrativos es una ficción jurídica dirigida a considerar previamente que sus decisiones están ajustadas a derecho a los fines de que pueda desarrollar su función administrativa y lograr los fines atribuidos.

Sin embargo, tal presunción de legalidad se desvirtúa a partir del momento en que es impugnada por el administrado cuando ejerce su derecho a la defensa y contradice los hechos que la Administración ha tomado en cuenta para iniciar el procedimiento administrativo sancionatorio.

De ahí que al órgano administrativo le esté vedado, desde el acto de apertura del procedimiento sancionatorio hasta la conclusión del mismo, de "prejuzgar sobre la culpabilidad de la parte investigada, pues el procedimiento administrativo está llamado a comprobar esa culpabilidad, permitiendo el ejercicio previo del derecho a la defensa"[80].

La Administración pública puede únicamente tomar una decisión en contra del administrado investigado sobre la base de pruebas ciertas y legales que demuestren fehacientemente la responsabilidad de aquel en la comisión de infracciones y faltas administrativas. Al respecto, la doctrina española ha subrayado que:

La presunción constitucional de inocencia, con rango de derecho fundamental, supone que solo sobre la base de pruebas cumplidas, cuya aportación es carga de quien acusa (aquí la propia Administración, en su fase instructoria), podrá alguien ser sancionado La supuesta presunción de verdad de los actos administrativos no es tal, sino un mecanismo de autotutela previa o provisional que presume sólo la validez en tanto esta

---

[80] José Ignacio Hernández: *Lecciones de procedimiento administrativo. Ob. cit.*, p. 232.

no se destruya a través de un medio impugnatorio (salvo las nulidades de pleno derecho); pero la impugnación podrá basarse, justamente, en que la Administración no ha alcanzado con sus pruebas a destruir esta presunción constitucional de inocencia; es inimaginable poner a alguien la carga de demostrar su inocencia, lo que normalmente equivale a una *probatio diabolica*. Toda sanción ha de apoyarse en una actividad probatoria de cargo o de demostración de la realidad de la infracción que se reprime, sin la cual la represión de la misma no es posible[81].

Por tanto, nadie puede ser considerado ni tratado como culpable durante el desarrollo del procedimiento administrativo sancionatorio hasta tanto no se haya dictado una decisión firme que declare la culpabilidad del administrado por haber sido demostrada fehacientemente.

Tan es así, que la certeza sobre la culpabilidad debe ser tal que, si el órgano que resuelve el procedimiento administrativo tiene alguna duda razonable sobre la culpabilidad de la persona investigada, está obligado a fallar a su favor en virtud del principio *"in dubio pro homine"*.

El derecho a la presunción de inocencia en el ámbito del Derecho Administrativo también conduce a garantizar que, ante la incertidumbre sobre la culpabilidad o autoría de una determinada conducta sancionada por alguna norma, la autoridad administrativa se abstenga de imponer sanciones o multas.

d.   *Derecho a la doble instancia*

Como consecuencia consustancial del derecho a la defensa, el numeral 1 del artículo 49 prescribe que toda persona declarada culpable tiene derecho a recurrir de la decisión, lo que le

---

[81]   Eduardo García de Enterría y Tomás Ramón Fernández, T.R. *Curso de derecho administrativo*. Vol. II. *Ob. cit.,* p. 180. En este mismo sentido, ver también Miguel Carmona Ruano: *Prueba de la infracción administrativa y derecho fundamental a la presunción de inocencia.* https://dialnet.unirioja.es/servlet/autor?codigo=169895 Consultada el 22/11/2015.

permite al administrado acceder o bien directamente a la instancia judicial; o mantenerse en la vía administrativa recurriendo la decisión ante los órganos superiores de la Administración pública que ha ejercido la potestad sancionadora, a los fines de que su asunto sea revisado nuevamente.

Este derecho es esencial para garantizar la defensa del administrado y, por tanto, el debido proceso con el objeto de lograr que las decisiones dictadas en contra de la esfera jurídica de los particulares sean imparciales y producto de la aplicación irrestricta de la norma al caso concreto. Efectivamente, el que distintas instancias (tanto administrativas como jurisdiccionales) puedan analizar un mismo caso desde enfoques jurídicos diversos hace posible la disminución de la arbitrariedad administrativa o judicial.

5. *Las sanciones administrativas*

Para concluir el presente Capítulo es necesario hacer una muy breve referencia a las sanciones administrativas derivadas del ejercicio de la potestad sancionadora del Estado cuándo este, a través de su Administración pública, ejecuta su función de controlar el cumplimiento por parte de los ciudadanos de las normas administrativas[82].

---

[82]   A los fines de desarrollar este punto se consultó la siguiente bibliografía: José Peña Solís: *La Potestad Sancionatoria.... Ob. cit.*, pp. 267 y ss.; Eduardo García de Enterría: "El problema jurídico de las sanciones administrativas", en *Revista Española de Derecho Administrativo*, N° 10, 1976, pp. 399-430; Jorge Bermúdez Soto: "Elementos para definir las sanciones administrativas". *Revista Chilena de Derecho*, Número Especial, *Ob. cit.*, pp. 323-334 (1998); María Lourdes Ramírez Torrado: *La sanción administrativa y su diferencia con otras medidas que imponen cargas a los administrados en el contexto español*. Revista de Derecho, N° 27, Barranquilla, 2007 http://www.redalyc.org/html/851/85102711/ Consultado el 11/11/2016; Eduardo García de Enterría y Tomás Ramón Fernández: *Curso de derecho administrativo*, II, *Ob. cit.*, pp. 163 y ss. José Bermejo Vera: *Derecho Administrativo, parte especial*, 4ª Edición. Editorial Civitas. Madrid 1999, p. 81.

Como ya se hizo mención, para garantizar el cumplimiento del ordenamiento jurídico se le atribuye al Estado la potestad sancionadora, es decir, la competencia de imponer sanciones a los particulares en los casos en los cuales se demuestre que éstos han violado una norma jurídica. La sanción es, así, la consecuencia jurídica que surge ante la violación de una norma e implica infringir un castigo a aquel que la ha violado.

En función de la norma jurídica que se ha conculcado las mismas se clasifican en: a) corporales o penales, aquellas que se imponen cuando se está ante la demostración de la comisión de un ilícito penal y que son impuestas por los tribunales de la jurisdicción penal; y, b) las sanciones no corporales o administrativas que son, a los efectos del presente trabajo, las que han sido definidas como:

> [...] el mal infringido a una persona (tiene que causarle un daño, un mal a la persona que ha cometido la infracción o la falta), por una autoridad estatal en el ejercicio de una potestad administrativa (órganos administrativos y aquellos que por una atribución legal puedan ejercer potestad administrativa (como el poder legislativo, el poder judicial y los particulares), mediante la incoación del debido procedimiento (sin un procedimiento previo en donde se demuestre la culpabilidad del infractor y este haya podido ejercer el derecho a la defensa no puede haber sanción), por haber desplegado una conducta violatoria del ordenamiento jurídico, la cual aparece tipificada como infracción (es indispensable que el comportamiento ilícito debe estar expresamente tipificado en la norma y debe constatarse, comprobarse que efectivamente se ha producido dicho comportamiento)[83].

---

[83] José Peña Solís: *La Potestad Sancionatoria de la Administración Pública Venezolana. Ob. cit.*, p. 271. Sobre el tema del problema jurídico de las sanciones administrativas consultar el trabajo del profesor García de Enterría "El problema jurídico de las sanciones administrativas", *Ob. cit.*, p. 65. María Lourdes Ramírez Torrado: *La sanción administrativa y su diferencia con otras medias que imponen cargas a los administrados en el contexto español. Ob. cit.*, p. 273.

La doctrina extranjera, tal y como lo señala Ramírez Torrado en España, ha delimitado en concepto de las sanciones administrativas en los siguientes términos:

García de Enterría la ha definido como: *"un mal infringido por la Administración al administrado como consecuencia de una conducta ilegal"*. Bermejo Vera la ha calificado como: *"una resolución administrativa de gravamen que disminuye o debilita –incluso elimina– algún espacio de la esfera jurídica de los particulares, bien porque se le priva de un derecho, bien porque se le impone un deber u obligación, siempre como consecuencia de la generación de una responsabilidad derivada de la actitud de los mismos"*. Carretero Pérez y Carretero Sánchez se refieren a ella como *"un mal jurídico que la Administración infringe a un administrado, responsable de una conducta reprensible antecedente"*. Por su parte, para Suay Rincón la sanción administrativa es la *"irrogación de un mal: la sanción administrativa es, como se sabe, un acto de gravamen, un acto, por tanto, que disminuye o debilita la esfera jurídica de los particulares, bien sea mediante la privación de un derecho (interdicción de una determinada actividad, sanción interdictiva), bien mediante la imposición de un deber antes inexistente (condena al pago de una suma de dinero: sanción pecuniaria)"*. En opinión de Gamero Casado, la sanción administrativa consiste en *"la privación, restricción o suspensión de determinados derechos o bienes jurídicos del sujeto responsable de la infracción, precisamente como reacción – castigo– a la comisión de la misma"*. Y el Tribunal Constitucional dispone que la sanción administrativa consiste en *"una decisión administrativa con finalidad represiva, limitativa de derechos, basada en una previa valoración negativa de la conducta"*[84].

De las definiciones señaladas resaltan los elementos constitutivos de la sanción administrativa: i) un daño o carga que se le imputa a una persona; ii) por haber violado una norma administrativa; iii) impuesto por la autoridad administrativa competente en el ejercicio de su función punitiva y de acuerdo a los principios que rigen la actividad sancionadora; iv) previo desarrollo del procedimiento administrativo correspondiente.

---

[84] María Lourdes Ramírez Torrado: *La sanción administrativa y su diferencia con otras medias que imponen cargas a los administrados en el contexto español. Ob. cit.*, p. 273.

CAPÍTULO II
RECEPCIÓN DEL DERECHO
A LA DEFENSA EN EL PROCEDIMIENTO
SANCIONATORIO VENEZOLANO.
ANÁLISIS DE ALGUNAS LEYES RECIENTES

I. LA PROSCRIPCIÓN EN LOS ORDENAMIENTOS JURÍDICOS CONTEMPORÁNEOS DE LAS SANCIONES DE "PLANO"

Se ha dicho en el Capítulo anterior que, frente a la fuerza y la potestad del Estado y su Administración pública, el ordenamiento jurídico dispone de una serie de garantías constitucionales y legales dirigidas a proteger los derechos de los ciudadanos para evitar el ejercicio arbitrario del poder.

De ahí que se haya querido desarrollar en el Capítulo precedente cada uno de los principios que orientan y constituyen el fundamento de la potestad sancionadora del Estado los cuales, por una parte, restringen tanto al legislador cuando regula sobre dicha materia, como a la Administración pública cuando la ejecuta; y, por otra, aseguran que las sanciones impuestas a los ciudadanos sean dictadas con arreglo al derecho por ser consecuencia de un procedimiento sancionatorio en el cual el inculpado ha ejercido su derecho a la defensa a través de cada una de las garantías que conforman el debido proceso.

En virtud del principio de legalidad administrativa que estatuye y encuadra la potestad sancionadora; y, del derecho a la defensa que ha de asistir al particular cuando es impelido por aquella, resulta absolutamente claro e indiscutible que el acto administrativo que imponga una sanción a un particular debe ser única y exclusivamente el resultado de un cauce procedimental en el cual, insistimos, aquel haya tenido la posibilidad de defenderse y la Administración pública haya obtenido suficientes elementos de convicción con relación a su culpabilidad para imponerla.

De acuerdo con el ordenamiento jurídico venezolano y los principios sobre los cuales se fundamenta y justifica el poder del Estado, no es posible constitucionalmente en Venezuela la imposición de sanciones administrativas sin que previamente se haya producido el respectivo procedimiento sancionatorio; es decir, están prohibidas completamente las llamadas sanciones de "plano".

Ciertamente, para que la imposición de una sanción sea ajustada a derecho es necesario que ocurran una serie de presupuestos previos: i) se haya producido una infracción administrativa; ii) la misma tenga como consecuencia jurídica la imposición de una sanción prevista de forma previa en una norma; iii) se desarrolle el procedimiento sancionatorio diseñado con anterioridad en la ley y que, en el transcurso del mismo se haya garantizado el debido proceso y, por tanto, el derecho a la defensa; iv) se demuestre la culpabilidad de una o varias personas; v) el acto administrativo sancionatorio que se dicte sea suficientemente fundamentado.

Si algunos de estos elementos constitutivos de la sanción están ausentes en su determinación e imposición, la misma no es conforme al ordenamiento jurídico por lo que es inválida, no tiene valor jurídico ya que, al violar el derecho esencial al debido proceso y a la defensa, estatuido en el artículo 49 de la Constitución vigente, es inconstitucional e ilegal.

De ahí resulta cuanto menos impensable la posibilidad de que en un ordenamiento jurídico fundamentado en el Estado de derecho se prevean las llamadas sanciones de "plano", concebidas e impuestas sin que se produzca un procedimiento administrativo previo, es decir, sin que la Administración pública haya sustanciado el cauce procedimental respectivo.

Tal posibilidad constituye una violación inadmisible en el marco de los Estados contemporáneos regidos por la sumisión del poder al derecho, por cuanto entraña la ejecución de la potestad sancionadora sin que se garantice el debido proceso conculcándose, en tal sentido, los derechos a la defensa, a la notificación, a la asistencia jurídica en todo estado y grado del procedimiento, al contradictorio, a ser oído y, finalmente, el derecho a la presunción de inocencia.

La doctrina nacional y extranjera así como la jurisprudencia de sus máximos órganos jurisdiccionales, se han pronunciado en torno a la inadmisibilidad categórica de las sanciones de "plano" en el marco de un verdadero Estado de derecho[85].

Así, Peña Solís en el libro que se ha tomado de referencia constante a lo largo de este estudio, insiste sobre este punto al expresar que el procedimiento:

> Es elevado a la categoría de garantía de los ciudadanos, en virtud de que cualquier acto emanado sin la realización del correspondiente procedimiento configura una situación que suele tipificarse como causal de nulidad absoluta, bajo la denominación de prescindencia total y absoluta del procedimiento legalmente establecido. **Si la referida garantía es exigible en la emanación de todo tipo de acto administrativo, con mayor razón debe predicarse su exigencia cuando se trata de la imposición de una sanción pudiendo la misma quedar recogida en una regla que establezca la prohibición de todo tipo de acto administrativo sin la incoación del debido procedimiento, salvo las excepciones que establezcan las leyes, pero esa regla**, que será examinada más adelante, **adquiere un carácter absoluto, cuando se trata de actos sancionatorios, en virtud de que en esa hipótesis no se admite ningún tipo de excepción, dado que están proscritas las "sanciones de plano"** (negritas nuestras)[86].

Continúa señalando Peña Solís en relación a la prohibición de las sanciones de "plano", que tal proscripción:

---

[85] Sobre el tema, véanse especialmente Lorenzo Martín Retortillo: *Las sanciones de orden público en Derecho español*, Tecnos, Madrid, 1973. José Eugenio Soriano: "Sanciones de plano. Su vigencia (Sentencia del Tribunal Supremo de 4 de marzo de 1980) (Aranzadi 1083)", REDA, N° 26, pp. 489 y ss.; Antonio Cano Mata: *Las infracciones administrativas de Doctrinas del Tribunal Constitucional.* Edit. Revista de Derecho Privado. Madrid 1984.

[86] José Peña Solís: *La Potestad Sancionatoria de la Administración Pública en Venezuela, Ob. cit.*, p. 394.

[...] no es sino consecuencia de la garantía, antes examinada, relativa a la necesaria exigencia de la tramitación o previa de un procedimiento para poder imponer válidamente una sanción administrativa. Concebida en forma de prohibición es una de las garantías más importantes que informa el actual procedimiento sancionatorio, pues hasta mediados del siglo XX, la Administración inclusive facultada por las leyes, imponía sanciones sin realizar ningún tipo de actividad procedimental, pues le bastaba solamente su "autoridad" para dictar el acto sancionatorio. Sin duda que ese tipo de actuaciones no hacía más que concretar el ejercicio del "poder de policía" heredado del Estado Absoluto, al que nos hemos referido en páginas anteriores, y originaba las denominadas "sanciones de plano"[87].

Al respecto, Peña Solís nos recuerda que el profesor español García de Enterría afirmaba ya en 1981 que la sanciones de "plano" son producto de un procedimiento secreto que permite a la Administración sancionar partiendo de sus propias y únicas investigaciones "dando por probados los resultados de las mismas, y determinando unilateral y secretamente la realidad y la ilegalidad de la conducta, la culpabilidad del sujeto pasivo, y la licitud de la sanción a imponer".

Aplicación unilateral de sanciones que se justificaban, y que en la actualidad justifica el Tribunal Supremo de Justicia venezolano como se tendrá ocasión de demostrar en el desarrollo del presente Capítulo, sobre la base de que el administrado podía ejercer su derecho a la defensa con posterioridad, es decir, en los procedimientos de revisión ante la propia Administración pública o ante el contencioso administrativo.

Esta apología es totalmente contraria al contenido y garantía del derecho de defensa[88], tal y como se concibe en los actuales Estados constitucionales, por lo que la exigencia del procedimiento sancionador como garante del derecho a la defensa "ex-

---

[87] *Ibídem.*

[88] *Ibídem*, p. 396.

cluye definitivamente el sistema de las sanciones de plano o sin procedimiento"[89].

Por su parte, la jurisprudencia de los máximos órganos jurisdiccionales constitucionales de países como España y Colombia han expresado de manera clara que está prohibida enteramente la imposición de este tipo de sanciones.

La jurisprudencia del Tribunal Constitucional español insiste en la necesidad de que el ejercicio de la potestad sancionadora de la Administración pública requiere de forma obligatoria la configuración de un procedimiento administrativo sancionatorio previo, en el curso del cual los particulares puedan ejercer su derecho a la Defensa.

En su sentencia N° 70/2008, de fecha 23 de junio de 2008, ha dicho que el ejercicio del derecho de defensa en el seno de un procedimiento administrativo sancionador significa que el implicado sea necesariamente emplazado o notificado debidamente de la incoación del procedimiento, pues sólo así podrá disponer de una efectiva posibilidad de defensa frente a la infracción que se le imputa, previa a la toma de la decisión administrativa. Lo contrario, es decir, que la Administración pública imponga sanciones sin desarrollar ningún tipo de procedimiento, impidiéndole al investigado que tenga la oportunidad de aportar y proponer las pruebas que estime pertinentes, atenta claramente con los valores y derechos consagrados en el artículo 24.2 de la Constitución española que garantiza el derecho a la defensa y el debido proceso.

Igualmente, asienta el Tribunal Constitucional que en aquellos casos de aplicación de sanciones de "plano" en los cuales se vulnera absolutamente el derecho a la defensa del particular, no es posible admitir que tal vulneración ocasionada por la ausencia del procedimiento sancionatorio pueda ser subsanada o corregida en sede contencioso administrativa:

---

89   Eduardo García de Enterría y Tomás Ramón Fernández: *Curso de Derecho Administrativo*. Vol. II. *Ob. cit.*, p. 185.

Recordábamos en la citada STC 175/2007, de 23 de julio, que "debe advertirse que, al haberse producido una efectiva vulneración del derecho de defensa durante la tramitación de un procedimiento administrativo sancionador, tal vulneración no podía ser sanada en la vía contencioso-administrativa, pues, como señala la STC 59/2004, de 19 de abril (FJ 3), 'el posterior proceso contencioso-administrativo no puede servir nunca para remediar las posibles lesiones de garantías constitucionales causadas por la Administración en el ejercicio de su potestad sancionadora'. Ello es así, entre otras razones, porque como recuerda la STC 89/1995, de 6 de junio (FJ 4), y subrayan a su vez las SSTC 7/1998, de 13 de enero (FJ 6), y 59/2004, de 19 de abril (FJ 3), no existe un proceso contencioso-administrativo sancionador en donde haya de actuarse el *ius puniendi* del Estado, sino un proceso contencioso-administrativo cuyo objeto lo constituye la revisión de un acto administrativo de imposición de una sanción. En consecuencia, no es posible concluir que sean los Tribunales contencioso-administrativos los que, al modo de lo que sucede en el orden jurisdiccional penal, 'condenen' al administrado. Muy al contrario, la sanción administrativa la impone siempre la Administración pública en el ejercicio de la potestad que le reconoce la Constitución. De otra manera no se respetaría la exigencia constitucional de que toda sanción administrativa 'se adopte a través de un procedimiento que respete los principios esenciales reflejados en el artículo 24 CE' (STC 125/1983, de 26 de diciembre, FJ 3). Por consiguiente, el hecho de que el demandante de amparo disfrutara en el proceso judicial de la posibilidad de alegar y probar cuanto consideró oportuno para la mejor defensa de sus derechos e intereses, no subsana la vulneración del derecho de defensa (artículo 24.2 CE) en el procedimiento administrativo sancionador". Pues bien, de la misma manera, la interposición por el sancionado y resolución por la Administración, del recurso de reposición contra el acuerdo sancionador, dictado sin ninguna intervención del interesado, no sirve para subsanar la omisión de las diligencias que hubieran hecho posible esa intervención para ejercitar en plenitud su derecho de defensa. (Sentencia del Tribunal Constitucional Español N° 70/2008, de fecha 23 de junio de 2008. https://www.boe.es/diario_boe/txt.php?id=BOE-T-2008-12643).

Por su parte, el Tribunal Constitucional de Colombia también ha sido contundente en torno a la prohibición constitucional de las sanciones de "plano" y a las violaciones que sobre el derecho a la defensa se producen mediante la imposición de una sanción sin el debido procedimiento previo. Así, en varias de sus sentencias ha expresado: "...carece de respaldo constitucional la imposición de sanciones administrativas de plano con fundamento en la comprobación objetiva de una conducta ilegal, en razón del desconocimiento que ello implica de los principios de contradicción y de presunción de inocencia, los cuales hacen parte del núcleo esencial del derecho al debido proceso" (Sentencia T-145 de 1993, Corte Constitucional).

A propósito de la proscripción de las *sanciones administrativas de plano* ha señalado dicho Tribunal que su materialización es la concreción de la arbitrariedad por parte del poder lo cual es contrario al Estado de derecho y recuerda que el debido proceso, garantizado en la Constitución colombiana, exige que la aplicación de una sanción sea:

> ...[E]l resultado de un proceso, por breve que éste sea, aún en el caso de que la norma concreta no lo prevea. En cuanto a la posible interpretación de que no existe violación al debido proceso, pues el afectado puede controvertir la decisión de la administración interponiendo los recursos administrativos, la Corte ha manifestado que no obstante existir esta posibilidad, no es posible eludir el proceso previo a la imposición de la sanción (sentencia T-1303 de 2005).

Hechas las precisiones anteriores, seguidamente se pretende analizar algunas leyes que contemplan la posibilidad de que la Administración pública venezolana dicte y aplique sanciones de "plano" en contravención del derecho constitucional al debido proceso y a cada uno de los derechos y garantías que lo constituyen.

Al respecto se tomarán como objeto de estudio la *Ley de Aeronáutica civil*[90]; el *Decreto Ley con Rango, Valor y Fuerza de Ley de*

---

[90]   Gaceta Oficial N° 39.149 del 17 de marzo de 2009.

Contrataciones Públicas[91]; y, el *Decreto Ley de Precios Justos*[92] y, concretamente, las disposiciones relativas a la potestad sancionadora en el transcurso de los procedimientos previstos para la determinación e imposición de sanciones, a los efectos de comprobar si, efectivamente y en qué medida, el legislador ha venido o no construyendo un sistema sancionatorio administrativo violatorio del derecho fundamental al debido proceso y a las garantías que lo configuran y, por tanto, contrario al derecho a la defensa.

En cuanto al estudio de las leyes mencionadas, cabe acotar que el mismo estará dirigido a revisar solo los antecedentes legales y la normativa vigente de tales leyes dictadas desde 1999, tomando en cuenta para este criterio que es en ese año que se dicta una nueva Constitución con el fin de "refundar" una nueva República.

Adicionalmente, se hará referencia en concreto a la *Ley de Aeronáutica Civil* del 2001, por el contraste en el tratamiento del tema objeto de estudio con la regulación vigente, por lo que sirve de comparación en la forma en que se debía seguir regulando la materia y el cambio acaecido.

Asimismo, y paralelamente al estudio específico de ciertas disposiciones plasmadas en las referidas normativas, se analizarán también las sentencias que en torno a estas normativas han dictado la Sala Constitucional y la Sala Política Administrativa del Tribunal Supremo de Justicia, para medir la conformidad o no de sus decisiones con los preceptos constitucionales, con el objeto de establecer las tendencias tanto legislativas como jurisprudenciales que, en materia de derecho a la defensa, han venido implementándose en Venezuela.

---

[91]   Gaceta Oficial Extraordinaria N° 6.154 del 19 de noviembre de 2014.

[92]   Gaceta Oficial N° 6.202 Extraordinario del 8 de noviembre de 2015.

En tal sentido, el análisis que se propone consiste en reflexionar en torno a: i) cómo se han previsto los procedimientos sancionatorios regulados en las leyes mencionadas a través de las diversas reformas de las que han sido objeto; ii) las consecuencias que para el derecho al debido proceso y a la defensa han producido tales reformas; y, iii) la revisión de algunas sentencias dictadas a partir de 1999.

II. LA POTESTAD SANCIONADORA Y EL DERECHO A LA DEFENSA EN EL RÉGIMEN JURÍDICO DE LA AERONÁUTICA CIVIL

1. *Introducción*

El transporte aéreo como servicio público esencial es una actividad de utilidad pública por lo que su prestación por parte de los particulares se encuentra fuertemente regulada a través de la Ley de Aeronáutica Civil.

Esta normativa preceptúa las actividades relativas al transporte aéreo, la navegación aérea y todas las vinculadas con el empleo de aeronaves civiles; señala cómo deben ser desarrolladas, y crea la autoridad llamada a ejercer el control y la supervisión de tales actividades, estableciendo obligaciones para los sujetos pasivos de la ley, así como las sanciones derivadas de su incumplimiento.

El órgano administrativo competente para velar por el cumplimiento riguroso de la ley y sancionar a aquellos que, en la ejecución de la actividad aeronáutica civil, violen las disposiciones constitucionales y legales es el Instituto de Aeronáutica Civil que, tal y como lo dispone el artículo 9 de la ley, ha sido definido como "un ente de seguridad de Estado, de naturaleza técnica, dotado de personalidad jurídica y patrimonio propio, distinto e independiente de la Hacienda Pública Nacional, con autonomía técnica, financiera, organizativa y administrativa".

Seguidamente se revisarán las distintas reformas que ha tenido la Ley de Aeronáutica Civil concretamente en lo atinente a la garantía del derecho al debido proceso y a la defensa en el procedimiento para la imposición de sanciones por parte del Instituto de Aeronáutica Civil.

A tal efecto, se examinarán el *Decreto-Ley de Aviación Civil de 2001;* la *Ley de Aeronáutica Civil* de 2005 (Gaceta Oficial N° 38.226); y, finalmente, la *Ley de Aeronáutica Civil* de marzo de 2009.

2. **Principales hitos normativos en la evolución legal del régimen sancionatorio en las diversas reformas de la Ley de Aeronáutica Civil**

A. *Decreto-Ley de Aviación Civil de 2001*[93]

Con el Decreto Ley de Aviación Civil del año 2001, dictado por el Presidente de la República en virtud de la habilitación[94] hecha por la Asamblea Nacional en el año 2000, se deroga la Ley de Aviación Civil promulgada en 1955, la cual como lo señala la propia Exposición de Motivos, "rindió sus frutos para el momento en que fue creada, catalogándose para ese entonces, como una de las legislaciones más modernas y avanzadas del momento, digna de seguirse como ejemplo para la redacción de legislaciones análogas", pero que, y como consecuencia del transcurso del tiempo y del avance de la tecnología, su contenido se había ido transformando en un fuerte obstáculo para el desarrollo y mejoramiento de la aviación civil[95].

Este nuevo Decreto Ley pretendió efectivamente modernizar y actualizar la normativa en materia de aeronáutica civil con el objeto de asegurar a través de su aplicación el ejercicio eficaz del concepto de autoridad aeronáutica y el desarrollo constante y sostenido del sector aeronáutico en el país.

Concretamente en cuanto al régimen sancionatorio el Decreto Ley, tal y como se lee en su Exposición de Motivos, buscó asegurar su cumplimiento efectivo mediante el establecimiento claro de i) los tipos de sanciones; ii) de sus sujetos pasivos; iii)

---

[93] Gaceta Oficial N° 5555 del 13 de noviembre de 2001.

[94] Ley Habilitante publicada en la Gaceta Oficial N° 37.076 del 13 de noviembre de 2000.

[95] *Vid.* Exposición de motivos de la Ley de Aviación Civil 2001.

de la concurrencia de las distintas responsabilidades; iv) la previsión del principio de prescripción sancionatoria; v) la fijación y graduación de las multas en función de la gravedad del ilícito administrativo; todo ello con la finalidad de limitar la discrecionalidad de la autoridad administrativa que, según el propio legislador, era una "libertad discrecional ilimitada".

Para ello, además de establecer las infracciones y sus correspondientes sanciones de acuerdo a los principios que rigen la potestad sancionadora, el Decreto Ley creó un procedimiento sancionatorio especial el cual "desarrolla los principios de legalidad, imparcialidad, racionalidad y la garantía del derecho a la defensa", estatuyéndose:

> [...] la forma de iniciación del procedimiento; la posibilidad de acumulación; la apertura del procedimiento y sus reglas; la sustanciación del procedimiento dotando al Instituto Nacional de Aviación Civil de potestad jurídica suficiente para realizar su labor, incluyendo la posibilidad de dictar medidas provisionales; el lapso de decisión de los procedimientos sancionatorios y la posibilidad de establecer los correctivos a que haya lugar en el caso concreto; la ejecución voluntaria o forzosa de las decisiones derivadas de los procedimientos sancionatorios; el régimen particular de la suspensión de efectos de algunos actos sancionatorios[96].

Efectivamente, en los artículos 190 y siguientes del Capítulo III del Decreto Ley de Aviación Civil se previó el procedimiento sancionatorio especial que la autoridad competente, Instituto Nacional de Aviación Civil, debía iniciar, conocer, tramitar, decidir y ejecutar a los efectos de la determinación o no las infracciones administrativas; establecer la responsabilidad de quienes las hubieren cometido; así como la imposición de las correspondientes sanciones, todo ello de acuerdo a los principios de legalidad, imparcialidad, racionalidad y garantía del derecho a la defensa (artículo 191).

---

[96] *Ibídem.*

El procedimiento para la imposición de sanciones que creó el *ejecutivo-legislador* del 2001 estaba configurado de la siguiente manera:

i. Inicio del procedimiento

De acuerdo al artículo 192 del Decreto-Ley que se estudia, el Presidente del Instituto Nacional de Aeronáutica Civil era el competente para iniciar de oficio o por denuncia el procedimiento sancionatorio mediante el auto de apertura correspondiente que debía expresar, con claridad, los hechos imputados y las consecuencias que pudieran derivarse en caso de que se constatara la realización de los mismos.

En el mismo acto de apertura, el Decreto Ley exigía el emplazamiento del presunto infractor para que en un lapso no mayor de quince (15) días hábiles, compareciera a los fines de que consignara los alegatos y las pruebas pertinentes para su defensa. Dicho lapso debía contarse a partir del día siguiente en que constara en el expediente administrativo el acto de notificación.

Igualmente, para garantizar el derecho a la defensa del presunto infractor, la norma establecía que si, en el transcurso del procedimiento sancionador, se determinaba que los mismos hechos implicaban la imposición de sanciones distintas a las anunciadas en el auto de apertura, ello debía ser debidamente notificado al administrado para que, en otro lapso de quince días (15) hábiles, aportara sus alegatos y defensas.

Asimismo, y con idéntica voluntad de que el administrado investigado pudiera defenderse apropiadamente, se disponía que, si aparecían hechos ilícitos distintos o no relacionados con aquellos que dieron origen al procedimiento sancionatorio, la autoridad debía abrir otro procedimiento para su análisis y determinación de las responsabilidades y sanciones correspondientes.

ii. *Sustanciación del procedimiento*

La Consultoría jurídica del Instituto Nacional de Aviación Civil (artículo 195), era el órgano encargado de realizar todas las actuaciones necesarias que tuviera a bien para obtener los elementos de hecho y de derecho suficientes que le permitiera adoptar la decisión final del procedimiento, por lo que el Decreto Ley le otorgaba amplias potestades de investigación (artículo 196).

El lapso para la sustanciación del procedimiento sancionatorio era de treinta (30) días hábiles siguientes al vencimiento del lapso de emplazamiento, los cuales podían prorrogarse hasta por quince (15) días hábiles más, cuando la complejidad del asunto así lo requiriera (artículo 195).

Asimismo, se preveía la posibilidad de que el Presidente del Instituto Nacional de Aviación Civil pudiera, en el transcurso del procedimiento administrativo, dictar mediante acto motivado las medidas cautelares que considerara necesarias siempre que hubiera previamente ponderado "el riesgo atinente a la seguridad operacional y los perjuicios graves que pudiesen sufrir los operadores y usuarios afectados por la conducta del presunto infractor, así como minimizar los perjuicios que implicaría para el operador la adopción de dicha medida, todo ello en atención a la presunción de buen derecho que emergiere de la situación" (artículo 197).

Por las consecuencias graves que podía suponer la imposición de medidas cautelares, el Decreto Ley regulaba la posibilidad de que el administrado objeto del procedimiento sancionatorio se opusiera a ellas, dentro de un lapso de cinco (5) días hábiles, contados a partir del día siguiente de la notificación de la decisión de imposición de medidas. Efectuada la oposición, se debía abrir una articulación probatoria "de ocho (8) días hábiles, en la cual las partes y los interesados podrán hacer valer sus pruebas y alegatos. Vencido dicho lapso, el Presidente del Instituto Nacional de Aviación Civil decidirá lo conducente dentro de los tres (3) días hábiles siguientes" (artículo 199).

Asimismo, se establecía que el Presidente del instituto, revocara las medidas cautelares que hubieren sido dictadas cuando considerara que sus efectos no eran más justificables; en todo caso, aclaraba la ley, que los mismos debían cesar una vez que se dictara la decisión definitiva o, no habiéndose dictado, hubiere transcurrido el lapso para que aquella se hubiere producido.

iii. Terminación del procedimiento sancionatorio

De conformidad con el artículo 200, el Presidente del Instituto Nacional de Aviación Civil tenía un lapso de quince (15) días continuos para decidir los procedimientos sancionatorios, contados a partir del día siguiente a que hubiere finalizado la sustanciación; lapso que podía, sin embargo, ser prorrogado por otros quince (15) días más, mediante decisión motivada del Presidente del instituto (artículo 200).

El acto administrativo definitivo que daba por concluido el procedimiento sancionatorio debía determinar la existencia o no de infracciones, en caso de que se hubiere demostrado la comisión de las mismas, por lo que tenía que contener las sanciones y los correctivos correspondientes (artículo 201).

B. Ley de Aviación Civil de 2005[97]

A solo tres años de la vigencia del Decreto Ley de Aviación Civil, el legislador resolvió en el año 2005 derogarla, dictando un nuevo texto legislativo que, además de carecer de técnica jurídica y adolecer de una lamentable redacción, efectuó modificaciones importantes en lo que concierne a la potestad sancionadora de la autoridad de aeronáutica civil y al procedimiento para la imposición de sanciones.

Al igual que el Decreto Ley de 2001, la autoridad administrativa a quien correspondía ejercer la potestad sancionadora

---

[97] Gaceta Oficial N° 38.215, de fecha 23 de junio de 2005 y reimpresa por errores materiales el 12 de julio del mismo año en la Gaceta Oficial N° 38.226.

era el Instituto de Aeronáutica Civil (artículo 117) que, conformado por su Presidente y otros funcionarios, tenía la competencia para determinar la responsabilidad administrativa y establecer las sanciones de acuerdo con el procedimiento especial establecido y, supletoriamente, con las deposiciones de la Ley de Procedimientos Administrativos (artículo 118).

i. Inicio del procedimiento

A diferencia del Decreto Ley derogado, en esta nueva ley el legislador optó por omitir toda referencia a las especificaciones de la apertura del procedimiento administrativo.

Así, hubo ausencia total en torno a la expresión de los requisitos que debía contener el acto de apertura, y nada se dijo sobre cómo había de realizarse el emplazamiento del presunto infractor para que conociera del inicio de dicho procedimiento y compareciera a ejercer su derecho a la defensa.

Efectivamente, el inicio del procedimiento sancionatorio se materializaba con la imposición de una multa, a partir de la cual se establecía **citar** al "presunto" infractor después de sancionado para que, al tercer (3) día hábil siguiente, compareciera por ante la autoridad que dictó el acto sancionatorio con el fin de que, o bien presentara sus descargos y defensas, o admitiera la comisión del ilícito administrativo.

Estos son los términos de la ley para el inicio del procedimiento sancionatorio:

Artículo 119. Notificación

El acto de imposición de la sanción deberá contener la citación del presunto infractor para que comparezca al tercer día hábil siguiente ante la Autoridad Aeronáutica que la practicó. Si la citación personal no fuere posible, <u>será suficiente que la boleta sea entregada en la dirección que consta en el Registro Aeronáutico Nacional, lo cual se comprobará con el recibo firmado por quien la haya recibido o en su defecto mediante acta levantada por el funcionario que practique la notificación.</u> En este caso, el lapso para la comparecencia comenzará a correr una vez que consten en el expediente respectivo las diligencias practicadas. A la hora y fecha fijada en la boleta de citación, el presunto infractor deberá comparecer a los efectos de presentar su descargo en forma oral o escrita, o admitir la infracción imputada. Cuando en el acto de comparecencia el presunto infractor compruebe el pago de la multa, se dará por concluido el procedimiento administrativo (subrayado nuestro).

ii. Sustanciación del procedimiento

Tampoco se previeron los plazos para la sustanciación del procedimiento sancionatorio y se excluyó toda mención expresa de que fuera otro órgano de la Autoridad Aeronáutica el que lo llevara a cabo, como sí lo estipulaba el Decreto Ley derogado.

Lo que podría deducirse como fase de sustanciación del procedimiento sancionatorio, es lo estipulado en el artículo 120 de la ley de acuerdo con el cual "Si en el acto de comparecencia el presunto infractor **impugna la sanción impuesta**, se abrirá un lapso probatorio de cinco días hábiles para la promoción y evacuación de pruebas".

La imposición de medidas cautelares le correspondía al Presidente del Instituto y demás funcionarios, quienes mediante acto motivado podían dictarlas (artículo 123).

Ahora bien, nada dijo el legislador en cuanto a la necesaria ponderación previa que debían realizar tales funcionarios sobre los riesgos que la imposición de las medidas cautelares.

Se estableció, en todo caso, la posibilidad de que el presunto infractor o cualquier persona que tuviera interés o se considerara afectado, se opusiera a ellas para lo cual, una vez notificado de las mismas, tendría cinco (5) días hábiles siguientes contados a partir de la notificación y, si tal oposición se efectuaba, se preveía la apertura de una articulación probatoria de cinco (5) días hábiles, en la cual las partes y los interesados podían hacer valer sus pruebas y alegatos.

Vencido dicho lapso, el Presidente del Instituto Nacional de Aeronáutica Civil decidiría lo conducente dentro de los tres (3) días hábiles siguientes (artículo 124).

iii. Terminación del procedimiento sancionatorio

Una vez concluido el lapso de pruebas, dirigido a demostrar por parte del "presunto" infractor la ilegalidad de la sanción impuesta, la autoridad aeronáutica tendría cinco días hábiles siguientes para tomar una decisión (artículo 121), la cual debía, según la norma, ser notificada al interesado en caso de que no se hubiere presentado al acto de comparecencia (artículo 122).

En el artículo 122 se reguló la posibilidad de atacar la decisión administrativa mediante el ejercicio del recurso de reconsideración o el contencioso administrativo, en un plazo de quince (15) días siguientes si era de reconsideración, o de treinta (30) días si era el recurso contencioso.

C. Ley de Aeronáutica Civil de 2009[98]

En marzo de 2009 se hace una tercera reforma a la normativa de la Aeronáutica Civil, oportunidad que hubiera podido aprovechar el legislador para corregir las violaciones que al debido proceso y al derecho a la defensa se generaban como consecuencia de la aplicación del procedimiento sancionatorio que ahí se regulaba y que habían sido denunciadas en sede jurisdiccional por quienes habían sido víctimas de sanciones impuestas sin que previamente se les escuchara.

Fuera de ello, y más bien con una gran coherencia con las políticas públicas de intervención del aparato productivo que había comenzado a implementar el gobierno en esos años, la reforma estuvo dirigida únicamente a modificar el artículo 9de la Ley concerniente a la creación de la Autoridad Aeronáutica, para expresar de manera concreta la competencia de dicha autoridad de llevar a cabo procedimientos de intervención[99].

---

[98]   Gaceta Oficial N° 39.149 del 17 de marzo de 2009.

[99]   Quedó redactado en los siguientes términos:

"Artículo 9. Autoridad Aeronáutica. La Autoridad Aeronáutica de la República es el Instituto Nacional de Aeronáutica Civil, la misma será ejercida por su Presidente y demás funcionarios. Es

Y, de conformidad con lo anterior, se incorpora a este artículo la potestad del Ejecutivo Nacional de revertir por razones *estratégicas, de mérito, oportunidad o conveniencia,* la administración de la aeronáutica civil, así como su infraestructura por razones de interés general.

La Ley de Aeronáutica Civil vigente contiene entonces el mismo procedimiento sancionatorio descrito anteriormente y previsto en la Ley del año 2005, al cual le dedicaremos seguidamente algunos comentarios.

3. *El Régimen Jurídico de la Aeronáutica Civil y sus consecuencias frente al derecho a la defensa del administrado*

Resulta interesante comparar la normativa de Aviación Civil del año 2001 y la reforma que la misma sufrió a los pocos años.

La primera de ellas, tal y como se deriva de la propia Exposición de Motivos fue dictada con gran vocación progresista, renovadora, producto de la reflexión, discusión y estudio de las propuestas legislativas que los sectores interesados habían venido elaborando durante los veinte años anteriores.

---

un ente de seguridad de Estado, de naturaleza técnica, dotado de personalidad jurídica y patrimonio propio, distinto e independiente de la Hacienda Pública Nacional, con autonomía técnica, financiera, organizativa y administrativa.

Compete a la Autoridad Aeronáutica regular y fiscalizar las actividades de la aeronáutica civil, expedir o convalidar certificados, permisos o licencias, crear el comité técnico de coordinación que requiera la dinámica de la aviación, así como llevar a cabo procedimientos de intervención.

El Ejecutivo Nacional a través del órgano con competencia en la materia, tendrá la potestad de revertir, por razones estratégicas, de mérito, oportunidad o conveniencia, la administración de la actividad aeronáutica civil, así como su infraestructura por razones de interés general".

En efecto, fue una norma que tuvo como norte la exigencia de modernizar las instituciones e incorporar los principios fundamentales que en materia de aeronáutica internacional se habían venido configurando, así como la voluntad, plasmada en sus disposiciones, de crear un sistema de control de la actividad aeronáutica civil que permitiera exigir la prestación apropiada de este servicio público dentro del marco del principio de legalidad administrativa y de los parámetros de defensa de los derechos tanto de los usuarios como de los prestadores del servicio público.

La intención del legislador del 2005 no coincide con las premisas anteriores y el discurso que expresa en el texto reformado no pareciera estar inspirado en los principios del Estado democrático y social de derecho sino en lineamientos de carácter político dirigidos a constituir las bases de un Estado autoritario, con poderes cada vez más amplios y menos limitados debilitando el ámbito de protección y de actuación de los derechos de los ciudadanos frente al Poder.

Efectivamente, se observa que el procedimiento sancionatorio que prevé la normativa bajo estudio adolece de las siguientes características.

i. *Es un procedimiento que carece de toda sistematización legislativa y prevé las llamadas sanciones de "plano"*

A diferencia de lo que preveía el Decreto Ley de Aviación Civil del 2001, en el cual se diseñaban las tres fases del procedimiento sancionatorio (inicio, sustanciación y terminación), estableciéndose en cada una de ellas cómo debía desplegarse la potestad del órgano de control, definiendo los principios, competencias, limitaciones y plazos de la potestad sancionadora; en la vigente ley no aparece tal sistematización y los pasos que lo conforman no concuerdan con los principios sobre los cuales el mismo debe regirse por lo que no garantizan los derechos que, con tales principios, se pretenden proteger.

De acuerdo con el artículo 119 de la Ley de Aeronáutica Civil vigente, el inicio del procedimiento sancionatorio, como se señaló, comienza de manera directa con la "citación" del "presunto" infractor para que conozca de **una sanción** que le ha impuesto el Instituto de Aeronáutica Civil y comparezca para que reconozca el ilícito cometido; o, de lo contrario, presente sus descargos de forma oral y escrita.

Se regula con la previsión legal señalada las sanciones de "plano", por cuanto la autoridad aeronáutica civil puede iniciar un procedimiento sancionatorio a partir de la imposición de una sanción sin que, de manera previa, se haya producido un procedimiento constitutivo del acto administrativo que decida la imposición de la misma.

ii. Es un procedimiento que viola el derecho a la defensa y el derecho a ser oído

Como ya se ha tenido ocasión de señalar, el debido proceso previsto en el artículo 49 constitucional ha de ser garantizado por toda autoridad administrativa y determina que el derecho a la **defensa** y a la **asistencia jurídica son derechos inviolables en todo Estado y grado de la investigación y del proceso**, por lo que toda persona tiene **derecho a ser notificada** de los cargos por los cuales se le investiga; de **acceder a las pruebas** y de **disponer del tiempo y de los medios adecuados para ejercer su defensa** (artículo 49.1); así como el **derecho a ser oído** antes de ser impuesta la sanción correspondiente (artículo 49.3).

De manera tal que, ante la previsión de las sanciones de "plano" y la "citación" del administrado interesado para que conozca de la sanción ya impuesta, se configura legislativamente una grosera transgresión del *derecho a la formulación de cargos previos* mediante *la notificación correspondiente* que le permitiría al administrado ejercer su derecho a la defensa así como el derecho a ser oído por la autoridad sancionatoria para que aporte sus alegatos y pruebas antes, y no después, de que se le ha impuesto la sanción.

Igualmente, cuando en la fase de terminación del procedimiento sancionatorio se condiciona la notificación del acto administrativo definitivo a la no comparecencia del interesado en el procedimiento (artículo 122), se viola el derecho a la defensa toda vez que las decisiones que dan por terminado cualquier procedimiento deben ser siempre notificadas, puesto que es a partir del día siguiente de dicha notificación que comienzan a correr los lapsos para ejercer los recursos correspondientes.

Si no se comunica al administrado la decisión que resuelve el procedimiento sancionatorio porque este ha participado en el mismo, tal y como se deduce del artículo 122, se le obliga a ir todos los días ante la autoridad aeronáutica para saber si ha dictado o no el acto administrativo correspondiente, generándole una situación de incerteza que afecta el ejercicio de su derecho a recurrir de la decisión administrativa.

iii. Es un procedimiento que prevé la culpabilidad violándose el principio fundamental del régimen sancionatorio de la presunción de inocencia

El procedimiento que se estudia viola otro de los principios fundamentales del derecho al debido proceso: el derecho a la presunción de inocencia el cual, como ya también se ha suficientemente reiterado, implica la prohibición expresa de las autoridades administrativas de establecer juicios anticipados sobre la culpabilidad o responsabilidad del investigado y menos aún de imponer una sanción para exigir, con posterioridad a ella, que sea el investigado quien tenga que probar su inocencia.

La posibilidad de que la autoridad aeronáutica pueda imponer sanciones sin que el administrado tenga el derecho a ser oído con anterioridad, equivale a que el órgano sancionatorio considere culpable al administrado y que, careciendo de todos los elementos probatorios necesarios y de acuerdo a su subjetividad y discrecionalidad, lo condene.

iv. Es un procedimiento que establece la inversión de la carga de la prueba sobre el administrado investigado

Otro de los principios que se alteran con el establecimiento de las sanciones de "plano" es el principio según el cual la carga de la prueba sobre los hechos ilícitos que investiga la administración sancionadora recaiga sobre esta.

En tal sentido ha dicho la Sala Político Administrativa que solamente es conforme al debido proceso la prueba obtenida y practicada "durante un procedimiento, bajo la intermediación del órgano decisor y la observancia del principio de contradicción. De manera que la violación al aludido derecho se produciría cuando del acto de que se trate se desprenda una conducta que juzgue o precalifique como 'culpable' al investigado, sin que tal conclusión haya sido precedida del debido procedimiento, en el cual se le permita al particular la oportunidad de desvirtuar los hechos imputados".[100]

La consecuencia del procedimiento administrativo sancionatorio de la Ley de Aeronáutica Civil es que permite la precalificación del administrado como culpable sin que este haya tenido la oportunidad de ejercer su derecho a la defensa por lo que, una vez "citado" de la sanción impuesta, se le fuerza a demostrar en un plazo, por demás muy breve, su "inocencia".

v. Es un procedimiento plagado de términos confusos, contradictorios e inapropiados que generan inseguridad jurídica

Adicionalmente a los rasgos anteriores, el procedimiento que se revisa emplea términos confusos e inapropiados.

La lectura de los artículos 119 y 120 pone en evidencia o una gran ignorancia por parte del legislador, o la intención de tergiversar el sentido y significado de las palabras y términos jurídicos correspondientes con la intención de desplazar los principios y garantías del debido proceso para sustituirlos por la discrecionalidad y abuso del poder.

Así, el artículo 119 y 120 se refieren al administrado contra el cual se le impone una sanción de plano como "presunto infractor", término evidentemente apropiado puesto que "el investigado sólo puede ser en esa fase considerado como tal, por-

---

[100] Sala Político Administrativa del Tribunal Supremo de Justicia. Sentencia N° 1.887 del 26 de julio de 2006. Página Web del Tribunal Supremo de Justicia. http://www.tsj.gob.ve/. Consultada el 19/3/2016.

que recién se inicia el procedimiento y, como quiera que durante el procedimiento constitutivo se obra a lo sumo sobre la base de presunciones –que serán confirmadas o desvirtuadas durante la sustanciación– la alusión no es incorrecta"[101].

El problema aparece cuando a ese supuesto "presunto infractor", se le da a conocer, mediante una "boleta de citación", la imposición de una multa que se ha decidido sin la configuración de un procedimiento previo en el que se otorgara la posibilidad de defenderse, de manera que el "presunto" infractor nada tiene de "presunto" sino que es culpable *a priori,* tal y como se ha suficientemente expresado.

El mismo artículo 119 establece que "el acto de imposición de la sanción deberá contener la **citación** del **presunto infractor** para que comparezca" y en tales términos se refiere a la boleta de citación, generándose aquí una sustitución de vocablos inapropiada, pues no se emplea la palabra notificación que corresponde por tratarse de un procedimiento administrativo y en la que, si el administrado no comparece o no demuestra nada, no opera la confección ficta, como sí sucede en el proceso judicial cuando se cita a los demandados puesto que en este ámbito "la citación implica una orden de comparecencia cuyo incumplimiento hace calificar al citado como contumaz"[102].

4. *Estudio de la jurisprudencia*

De la revisión del procedimiento sancionatorio que regula la Ley de Aeronáutica Civil se evidencia que el mismo es contrario al derecho constitucional del debido proceso. Ante la inconstitucionalidad de esta normativa la lógica del sistema de control entre los poderes públicos que estatuye la Constitución

---

101   Alfredo Parés Salas: "Dispare primero y averigüe después. De las sanciones de plano o la perniciosa tendencia a prescindir del procedimiento administrativo constitutivo en el ámbito sancionador", en *Visión Actual de los Procedimientos Administrativos, III Congreso de Derecho Administrativo, Margarita, 2011.* Editorial Jurídica Venezolana, Caracas 2011, p. 219.

102   *Ibídem.*

venezolana, es que los órganos jurisdiccionales de lo contencioso administrativo son a los que corresponde, a través del control difuso de constitucionalidad de las leyes, dejar de aplicar aquellas cuyas disposiciones sean contrarias a la Constitución cada vez que las mismas se materialicen en un caso concreto.

En las próximas líneas se estudiarán las sentencias que concretamente han tratado sobre la compatibilidad de la Ley de Aeronáutica Civil con el derecho al debido proceso del artículo 49 constitucional, para conocer cuál ha sido la tendencia de los órganos jurisdiccionales competentes en esta materia.

i. *Compatibilidad del artículo 119 de la Ley de Aeronáutica Civil con el debido proceso*

En fecha 15 de diciembre de 2005, la Sala Constitucional del Tribunal de Justicia mediante sentencia N° 05-1710 admitió el recurso de nulidad por inconstitucionalidad y declaró procedente la acción de amparo cautelar contra el artículo 119 de la Ley de Aeronáutica Civil que había ejercido Aeropostal Alas de Venezuela contra la Providencia N° 000105 del 25 de julio de 2005, suscrita por el Presidente del Instituto Nacional de Aviación Civil en la que, de conformidad con el artículo 119 de la Ley de Aeronáutica Civil, se le imponía una multa y se le notificaba la sanción impuesta a los fines de que compareciera por ante ese organismo a ejercer su defensa.

En el escrito de recurso de nulidad interpuesto conjuntamente con acción de amparo cautelar, la representación legal de Aeropostal Alas de Venezuela solicitó la suspensión de los efectos de la multa debido a que la sanción aplicada por el Instituto de Aeronáutica Civil violaba el derecho de la recurrente a ser oída previamente a la imposición de una sanción (artículo 49, numeral 1 de la Constitución); así como el derecho a la presunción de inocencia (artículo 49.3 constitucional).

En ejercicio de control de constitucionalidad, la Sala Constitucional admitió el amparo cautelar en los siguientes términos:

De conformidad con el tenor de la disposición impugnada que sirve de base al ejercicio de la potestad sancionadora de la Administración Aeronáutica y que se impugna por vía principal, la imposición de la multa en la fase de iniciación del procedimiento, sin haberse sustanciado en su totalidad el mismo -sin garantizar con ello el derecho a la defensa en el marco del debido procedimiento administrativo- y, en razón del principio de ejecutividad y ejecutoriedad que reviste la misma (ex artículo 8 de la Ley Orgánica de Procedimientos Administrativos), pudiera causar -según se advierte prima facie- perjuicios a la esfera patrimonial de la recurrente que difícilmente serían revertidos por la sentencia definitiva que se dicte en el presente juicio de nulidad.

En consecuencia, estima esta Sala que de conformidad con lo dispuesto en el artículo 3 de la Ley Orgánica de Amparo sobre Derechos y Garantías Constitucionales, esta Sala decreta mandamiento de amparo cautelar por el cual se suspende la aplicación del artículo 119 de la Ley de Aeronáutica Civil sólo en lo relativo a la imposición de la sanción como acto de iniciación del procedimiento administrativo, materializado en el presente caso por la multa aplicada, sin perjuicio de la continuación del procedimiento en sede administrativa, según las disposiciones procedimentales contenidas en esa misma Ley, a los fines de que el Instituto Nacional de Aviación Civil verifique efectivamente la comisión de la infracción administrativa prevista en la letra i, numeral 2 del artículo 174 eiusdem. La inaplicación parcial de los efectos jurídicos de la norma aquí decretada implica que el Instituto autor del acto no podrá exigir la cancelación de la multa impuesta, como presupuesto del procedimiento sancionatorio, y se mantendrá hasta tanto se dicte sentencia definitiva en el presente juicio de nulidad. Así se decide[103].

Como consecuencia de esta sentencia de la Sala Constitucional, el Instituto de Aeronáutica Civil dejó de aplicar el artículo 119 de la Ley; al respecto nos comenta el profesor Silva Aranguren:

---

[103]   Página Web del Tribunal Supremo de Justicia. www.tsj.gob.ve, consultada el 19 de septiembre de 2015.

Como se observa, en este caso la Sala Constitucional sostuvo que la sanción de multa debe estar precedida de un procedimiento, con lo que no cabría imponerla y luego conceder plazo para defenderse. Por ello, ordenó que en el caso concreto se entendiera que el acto de imposición era en realidad equivalente al auto de apertura del procedimiento. No olvidemos que se trataba de un amparo cautelar.

Pese a que el amparo se concedió solo para el caso concreto, lo cierto es que, desde ese momento, y sin que cambiase la ley, ese Instituto se apartó de la letra de su articulado y dejó de imponer sanciones sin procedimiento previo, con lo que la medida cautelar –que carece ya de sentido, porque el procedimiento contra la línea aérea fue decidido en vía administrativa- se extendió a todos los supuestos de aplicación de esa ley. Ha ocurrido entonces una especie de protección acordada por la propia Administración, quizá temerosa de que la Sala Constitucional dispusiere algo similar en otros casos.

Todo ello ha generado una situación curiosa, pues, aunque la demanda se introdujo hace más de siete años, no ha sido aún resuelta, con lo que la norma sigue vigente, pero quien debe aplicarla no la aplica. Ahora bien, lo que sí ha ocurrido siete años después es que la Sala Constitucional ha dejado sentado que el procedimiento no es necesario, con lo que suponemos que el Instituto Nacional de Aeronáutica Civil bien podría retomar su anterior manera de proceder, con lo que volvería a aplicar una ley que nunca ha sido anulada ni se ha suspendido en sus efectos con carácter *erga omnes*[104].

Efectivamente, la Sala Constitucional en su sentencia N° 372/2012 expresó, nada más y nada menos, que la imposición de una multa no exige un procedimiento previo, toda vez que el reclamo posterior es suficiente garantía del derecho a la defensa. Dice la Sala:

---

[104] Antonio Silva Aranguren: "Multa y procedimiento previo (A veces)", en *Revista de Derecho Público* N° 129, Enero-Marzo 2012, pp. 251-259.

En el caso de autos, tal y como ocurre con las medidas cautelares, cuya sustanciación es posterior a la decisión que las acuerda, el artículo 125 de la Ley Orgánica del Tribunal Supremo de Justicia establece un iter procesal que se abre de manera sucedánea a la sanción, a los fines de garantizar el contradictorio y con él, los derechos a la defensa y al debido proceso de los sancionados, sin que se afecte su situación jurídica, pues la multa impuesta, sólo se debe cumplir cuando ya se ha decidido el reclamo, tal como lo prevé el primer aparte del artículo 121 *eiusdem* que señala "La multa se pagará ante cualquier entidad bancaria receptora de fondos públicos nacionales dentro de los treinta días continuos siguientes a la notificación de la decisión que imponga la sanción o de la decisión que resuelva el reclamo conforme a lo que se establece en el artículo 125 de esta Ley.

De esta forma, el reclamo a que se refiere el artículo 125 de la Ley que rige a este Alto Tribunal, aun siendo posterior a la imposición de la sanción, satisface todas las exigencias del debido proceso, así como del derecho a la defensa de los multados, ya que reconoce que una vez notificados y por ende, en conocimiento de la sanción, tienen oportunidad para alegar (ante el juez predeterminado por ley), probar y, en general, exponer las circunstancias favorables en su defensa, todo lo cual, ocurre con antelación a que se haga efectiva la multa y se afecte así al sancionado.

En virtud de lo anterior, y siendo que la presente decisión se dicta (con antelación a que se produzca la afectación patrimonial inherente a la multa impuesta) atendiendo a los argumentos y las pruebas presentadas por la defensa de la ciudadana Carmen Teresa Albanes Barnola y, en consecuencia, en garantía de su derecho al debido proceso, a ser oído y, por ende, a la defensa y a la presunción de inocencia, se desestima el argumento de violación de los referidos derechos; y así se declara[105].

Tal y como afirma el profesor Antonio Silva:

---

[105] Página Web del Tribunal Supremo de Justicia. www.tsj.gob.ve, consultada el 19 de septiembre de 2015.

El criterio es claro: aun cuando el "reclamo" sea "posterior a la imposición de la sanción", se satisfacen "todas las exigencias del debido proceso, así como del derecho a la defensa de los multados", pues, "una vez notificados y por ende, en conocimiento de la sanción, tienen oportunidad para alegar (...), probar y, en general, exponer las circunstancias favorables en su defensa", sin que mientras tanto "se haga efectiva la multa y se afecte así al sancionado[106].

Por su parte, la Sala Político Administrativa del Tribunal Supremo de Justicia, con ocasión de la apelación interpuesta también por Aeropostal Alas de Venezuela contra una sentencia de la Corte Segunda de lo Contencioso Administrativo, que había admitido un recurso de nulidad contra una sanción de la autoridad aeronáutica civil pero que había declarado improcedente la acción de amparo constitucional, declaró con lugar la apelación referida revocando la sentencia apelada, por considerar que:

2. En el caso bajo examen el análisis que pudiera realizarse de la transgresión de los derechos constitucionales a la defensa, al debido proceso, a la formulación previa de los cargos y a la presunción de inocencia, no necesariamente implicaría un pronunciamiento sobre el fondo del asunto debatido, por el contrario, en esta etapa del proceso se lleva a cabo un análisis previo del caso planteado a los fines de verificar si existe una presunción de violación de los mencionados derechos, análisis este que no tiene carácter definitivo.

3. Se observa que el acto sancionatorio (folio 3) fue dictado con base en lo dispuesto en el antes referido artículo 119 de la Ley de Aeronáutica Civil, por lo que estima la Sala, en consonancia con la decisión de la Sala Constitucional (Sentencia N° 4.988 de fecha 15 de diciembre de 2005) parcialmente transcrita, que la falta de procedimiento previo a la imposición de la multa recurrida podría lesionar el derecho al debido proceso de la empresa recurrente, consagrado en el ar-

---

[106] Antonio Silva Aranguren: "Multa y procedimiento previo (A veces)", *Ob. cit.*, p. 256.

tículo 49 de la Constitución de la República Bolivariana de Venezuela, aplicable tanto a los procesos judiciales como para los iniciados en sede administrativa, circunstancia que hace presumir a esta Sala, que en el presente caso se configura el buen derecho de la sociedad mercantil Aeropostal Alas de Venezuela, C.A., esto es, el *fumus boni iuris*[107].

Los razonamientos jurídicos asumidos tanto por la Sala Constitucional como por la Sala Político Administrativa en torno a la idea según la cual las sanciones impuestas por el Instituto de Aeronáutica Civil por aplicación del artículo 119 de la ley, ocasionarían la violación del debido proceso por falta de un procedimiento previo, son evidentemente los criterios apropiados y conformes a la Constitución y a los principios que rige la potestad sancionadora del Estado.

Sin embargo, la misma Sala Político Administrativa, mediante sentencia N° 2007-0872 de fecha 5 de agosto del 2008, cambió radicalmente su criterio con respecto a la admisión de los amparos cautelares de suspensión de efectos de actos administrativos dictados por el Instituto de Aeronáutica Civil en aplicación del artículo 119 de la ley.

En efecto, inadmite el amparo como medida cautelar por cuanto:

Se observa que el derecho a la defensa comprende el derecho a conocer los cargos objeto de investigación, formular alegatos, desplegar las defensas y excepciones frente a dichos cargos imputados, y probar e informar, entre otros. (*Vid.* sentencia de esta Sala N° 00548 del 30 de abril de 2008).

En este orden de ideas, aprecia esta Sala que en el presente caso la violación del derecho constitucional a la defensa y al debido proceso, no encuentra consistencia alguna, aun cuando la recurrente alega que: i) su representada no fue notificada de

---

[107] Sentencia de la Sala Político Administrativa del Tribunal Supremo de Justicia N° 1283 del 09 de agosto de 2006. Página Web del Tribunal Supremo de Justicia. http://www.tsj.gob.ve/. Consultada el 19/03/2016.

los cargos que se le imputan, ii) la Administración procedió a sancionarla sin previo procedimiento, sin darle oportunidad para exponer sus alegatos. Al respecto, se observa de la revisión de las actas procesales que en fechas 12 y 15 de enero de 2007, respectivamente, la sociedad mercantil Aeropostal Alas de Venezuela, C.A. fue notificada de la apertura del procedimiento en su contra, así como de la sanción impuesta; todo conforme a la Ley de Aeronáutica Civil, publicada en la Gaceta Oficial de la República Bolivariana de Venezuela Nº 38.226 del 12 de julio de 2005, establece en el Título IV, Capítulo II (De las Infracciones Administrativas), que prevé la potestad sancionatoria y el procedimiento que ha de seguir la Autoridad Aeronáutica, una vez verificadas las infracciones a las disposiciones del prenombrado cuerpo normativo.

En tal sentido, los artículos 117 y siguientes de la referida Ley establecen que, una vez notificada de la sanción correspondiente, la persona contra quien obre tal medida, cuenta con la oportunidad de comparecer al tercer (3er) día hábil siguiente "a los efectos de presentar sus descargos en forma oral o escrita", permitiendo además que el administrado presunto infractor en los términos del artículo 120, pueda impugnar la sanción impuesta, caso en el cual "se abrirá" un lapso de cinco días hábiles para la promoción y evacuación de las pruebas[108].

La sentencia mencionada, trata de justificar lo injustificable pues, sin poder decirlo expresamente, acepta la previsión legal de las sanciones de "plano".

En este inaudito cambio de criterio, la Sala Política Administrativa recuerda que la recurrente (la misma Aeropostal Alas de Venezuela que había obtenido en juicios distintos los amparos cautelares) había desistido del recurso de nulidad que dio origen a las sentencias de la Sala Constitucional y de la Sala Político Administrativa arriba referidas, haciendo entrever que el hecho del desistimiento de una acción implicaba el reconocimiento de algún error por parte de quien desiste o la renuncia

---

[108] Página Web del Tribunal Supremo de Justicia. http://www.tsj. gob.ve/. Consultada el 19/03/2016.

para siempre del ejercicio de los derechos denunciados en un momento determinado:

Previamente a emitir pronunciamiento respecto de la apelación propuesta por la representación judicial de la sociedad mercantil Aeropostal Alas de Venezuela, esta Sala considera necesario destacar que la recurrente, en precedente oportunidad, ejerció ante la Sala Constitucional de este Máximo Tribunal recurso de nulidad por inconstitucionalidad, conjuntamente con pretensión de amparo cautelar contra la norma contenida en el artículo 119 de la Ley de Aeronáutica Civil, que fue admitido en sentencia N° 4.988 del 15 de diciembre de 2005, en la que se acordó el mandamiento de amparo cautelar, y en consecuencia, suspendió parcialmente "la aplicación del artículo 119 de la Ley de Aeronáutica Civil sólo en lo relativo a la imposición de la sanción como acto de iniciación del procedimiento administrativo, materializado en el presente caso...".

En fecha 6 de abril de 2006 la representación judicial del Instituto Nacional de Aeronáutica Civil, presentó escrito de oposición a la medida cautelar antes referida. Posteriormente, el día 3 de octubre del mismo año, la apoderada judicial de la sociedad mercantil Aeropostal Alas de Venezuela, C.A., desistió del recurso de nulidad, el cual fue homologado por dicha Sala Constitucional en fallo N° 871 del 8 de mayo de 2007.

La suspensión de efectos de la referida norma fue el fundamento para que esta Sala Político-Administrativa, en un caso similar al de autos, por sentencia N° 02027 de fecha 9 de agosto de 2006, declarara con lugar la apelación interpuesta por la sociedad mercantil Aeropostal Alas de Venezuela, C.A., contra el fallo dictado por la Corte Segunda de lo Contencioso Administrativo el 8 de junio de 2006, que declaró improcedente la acción de amparo constitucional ejercida por la mencionada empresa contra la norma contenida en el precitado artículo 119 de la Ley de Aeronáutica Civil; en consecuencia, revocó la sentencia apelada y declaró procedente la acción de amparo propuesta por dicha empresa.

Expuesto lo anterior, debe esta Sala entrar a pronunciarse respecto de la apelación interpuesta por la representación judicial de la sociedad mercantil Aeropostal Alas de Venezuela, C.A., tomando en consideración que con la homologación del desistimiento declarado por la Sala Constitucional, en sentencia N°

871 del 8 de mayo de 2007, las circunstancias jurídicas que tuvo esta Sala Político Administrativa para decidir como lo hizo en sentencia N° 2027 del 9 de agosto de 2006, no son las mismas, considerando además que el pronunciamiento acerca de la desaplicación de la norma en cuestión, requerido por la recurrente, no forma parte del *thema decidendum* de la apelación que ahora ocupa a esta Sala[109].

La misma Sala Político Administrativa ante idénticos argumentos de Aeropostal Alas de Venezuela en torno a la violación evidente del debido proceso y del derecho a la defensa por la imposición de sanciones sin procedimiento previo, conforme lo estatuye inconstitucionalmente el artículo 119 de la Ley de Aeronáutica Civil, no acuerda el amparo cautelar porque a su decir:

En el presente caso la **violación del derecho constitucional a la defensa y al debido proceso, no encuentra consistencia alguna**, aun cuando la recurrente alega que: i) su representada no fue notificada de los cargos que se le imputan, ii) la Administración procedió a sancionarla sin previo procedimiento, sin darle oportunidad para exponer sus alegatos.

Al respecto, **se observa de la revisión de las actas procesales** que en fechas 12 y 15 de enero de 2007, respectivamente, la sociedad mercantil **Aeropostal Alas de Venezuela, C.A. fue notificada de la apertura del procedimiento en su contra, así como de la sanción impuesta**; todo conforme a la Ley de Aeronáutica Civil, publicada en la Gaceta Oficial de la República Bolivariana de Venezuela N° 38.226 del 12 de julio de 2005[110].

Y como quiera que la recurrente, a decir de la Sala, fue notificada de la imposición de la sanción como lo dispone el ar-

---

[109] Página Web del Tribunal Supremo de Justicia. http://www.tsj. gob.ve/. Consultada el 19/03/2016.

[110] Sala Político Administrativa del Tribunal Supremo de Justicia. Sentencia N° 0872 de fecha 5 de agosto del 2008. Página Web del Tribunal Supremo de Justicia. http://www.tsj.gob.ve/. Consultada el 19/03/2016.

tículo 119 de la Ley de Aviación Civil (sin el procedimiento constitutivo previo); y ejerció el recurso contencioso administrativo sin que quisiera culminar el procedimiento administrativo (¡queriendo decir entre líneas que se ha renunciado al derecho a la defensa en sede administrativa!) habiendo podido actuar en juicio, le resulta obvio al Alto Tribunal de la República que Aeropostal Alas de Venezuela tuvo la posibilidad de ejercer cabalmente su derecho a la defensa. Estos son los términos de la sentencia:

> Visto lo anterior, este Alto Tribunal observa que la empresa accionante, el mismo día que fue notificada del acto recurrido (15 de enero de 2007), sin que conste en autos que hubiera impugnado la sanción impuesta, como lo permite el artículo 120 *in commento*, acudió a la vía contenciosa a los efectos de solicitar la nulidad del mencionado acto, no habiendo culminado el procedimiento administrativo previsto en la ley, en el que se garantiza el derecho a la defensa, dado que establece que luego de impugnada en sede administrativa la sanción impuesta, se abrirá el lapso probatorio correspondiente, vencido el cual (ex artículo 121) la autoridad aeronáutica dictará su decisión confirmando, modificando o revocándola.

> Asimismo, consta en autos que el día 17 del referido mes y año, la representación judicial de la sociedad mercantil recurrente presentó ante la Unidad de Recepción y Distribución de Documentos de las Cortes de lo Contencioso Administrativo, escrito de reforma del mencionado recurso, con el objeto de denunciar la supuesta ilegalidad del acto administrativo contenido en el Acta N° 027/001 del 15 de enero de 2007, dictado por el *"Instituto Nacional de Aviación Civil"*, por medio del cual el referido ente le notificó la sustitución de la sanción de suspensión total de los vuelos desde y hacia la ciudad de Maracaibo en el Estado Zulia, por la disminución en un cincuenta por ciento (50%) de las frecuencias de vuelos asignadas, hecho que permite a esta Sala presumir que -aparentemente- **pudo ejercer las defensas y alegatos que consideró convenientes y por tanto acceder al contradictorio, teniendo la oportunidad de ser oída en el procedimiento abierto por la autoridad aeronáutica, todo lo cual permite a esta Sala concluir, al menos en este Estado del proceso que, salvo mejor apreciación en la definitiva, no existe presunción de violación al derecho a la defensa y al debido proceso invocado por la recurrente**; mo-

tivo por el cual este Alto Tribunal declara improcedente en esta fase cautelar la violación de los derechos denunciados. Así se declara (resaltado nuestro)[111].

Siendo la Corte Segunda de lo Contencioso Administrativo la competente para conocer de los recursos de nulidad contra los actos sancionatorios impuestos por la autoridad aeronáutica civil, ella ha tenido en diversas oportunidades la posibilidad de inaplicar, en el ejercicio del control difuso de inconstitucionalidad, el artículo 119 de la Ley de Aeronáutica Civil.

Las sentencias estudiadas de dicha Corte[112] omiten cualquier consideración o razonamiento en torno a la violación del derecho a la defensa y al debido proceso como consecuencia del inicio de un procedimiento sancionatorio mediante la notificación de una sanción; simplemente se limitan a transcribir las disposiciones legales que lo prevén (artículos 119, 120 y 121) para concluir que el mismo es breve y afirmar que la autoridad aeronáutica ha actuado ajustada a derecho al hacerlo dentro de las potestades que le confiere el referido artículo 119.

ii. *Reinterpretación de los principios de presunción de inocencia y la carga probatoria en la aplicación del procedimiento sancionatorio previsto en la Ley de Aeronáutica Civil*

En fecha relativamente reciente (28 de septiembre de 2016), la Sala Político Administrativa dicta la sentencia N° 00952 en la

---

[111]   *Ibídem.*

[112]   *Vid*, en tal sentido, las sentencias de la Corte Segunda de lo Contencioso Administrativo Exp. AP42-N-2006-000264 de fecha 29 de octubre de 2009 (Aeropostal Alas de Venezuela vs. INAC); Exp. P42-N-2008-000447 2010 (Aerolíneas de Integración Regional (AIRES)http://historico.tsj.gob.ve/tsj_regiones/decisiones/2010/agosto/1478-9-AP42-N-2008-000447-2010-1156.html; Exp. N° AP42-N-2006-000264 del 2009, (American Airlines, Inc. Vs INAC) http://historico.tsj.gob.ve/tsj_regiones/decisiones/2009/octubre/1478-29-AP42-N-2006-000264-2009-1796.html, las cuales dan por sentado la constitucionalidad de tales procedimientos. Consultadas el 18/11/2016.

que declara inadmisible un recurso de nulidad interpuesto por la línea aérea American Airlines, Inc. contra un acto administrativo sancionatorio dictado por el Instituto Nacional de Aeronáutica Civil, y de cuyo contenido se desprende la clara voluntad del Máximo Órgano Judicial de mantener criterios jurisprudenciales absolutamente contrarios al derecho constitucional del debido proceso.

En efecto, en dicha sentencia la Sala se atreve a contradecir su propia jurisprudencia y la doctrina nacional y extranjera que se refieren a los principios de culpabilidad y de presunción de inocencia en los cuales se afirma que la Administración pública, en el ejercicio de su potestad sancionadora, debe realizar todas las actuaciones dirigidas a probar la comisión por parte del administrado de algún ilícito administrativo correspondiéndole a ella la obtención de cada una de las pruebas suficientes que permitan desvirtuar la presunción de inocencia de quien se investiga para poder determinar su culpabilidad y, consecuentemente, sancionarlo.

Así, la Sala Político Administrativa sostuvo que correspondía a la recurrente (American Airlines, Inc.), después de haber reconocido el retraso del vuelo, demostrar que el mismo había durado menos de doce (12) horas y que había sido ocasionado por una causa no imputable a ella, siendo que solamente se limitó a alegar dichos hechos habiendo tenido que aportar al procedimiento sancionatorio las pruebas que fundamentaran sus afirmaciones.

Al respecto, expresa la Sala:

La parte actora **tenía la carga de aportar al procedimiento administrativo y judicial los medios probatorios necesarios para demostrar** que el vuelo 902 pautado para el 30 de junio de 2006 despegó a la hora pautada, o que la demora presentada duró menos de doce (12) horas, o que esta se debió a una causa extraña no imputable, para probar sus dichos y enervar las afirmaciones del denunciante, **lo cual, como ha sido expuesto, no puede entenderse como una inversión de la carga de la prueba por parte de la Administración sino que deriva de la carga de todo administrado de probar sus alegatos, especialmente aquellos que lo exculpen.**

131

En atención a todo lo expuesto, **concuerda esta Sala con el *a quo* en que en el presente caso no se produjo una inversión de la carga de la prueba sino una falta de prueba por parte de la interesada que demostrara** que la demora duró menos de doce (12) horas y que su ocurrencia no le era imputable.

Asimismo, coincide esta Máxima instancia con el fallo apelado en que la falla presentada en la aeronave no resulta "totalmente imprevisible" para quien presta el servicio público de transporte aéreo comercial de pasajeros, motivo por el cual no puede considerarse un supuesto de caso fortuito o de fuerza mayor, cuyo acaecimiento no le era imputable a la transportista aérea.

Siendo que, en todo caso, tal como lo apreció la Administración, la aerolínea debió cancelar expresamente el vuelo al detectar el desperfecto.

Con fundamento en las consideraciones que anteceden se desecha la denuncia formulada por la apelante. Así se determina[113].

En este mismo orden de ideas, la Sala Político Administrativa en una sentencia posterior (25 de octubre del 2017), declara igualmente sin lugar el recurso de nulidad interpuesto por la misma línea aérea, y avanza un poco más en la violación del principio de presunción de inocencia y del debido proceso cuando, ante los alegatos de la recurrente relativos a la violación de tales derechos, afirma que los retrasos de los vuelos constituyen por sí mismos un ilícito objetivo y, al haberlos reconocido la línea aérea, correspondía al Instituto Nacional de Aeronáutica sancionarla por estar en presencia de una *responsabilidad objetiva* de la actora.

Aunado a lo anterior, es preciso señalar que la sociedad de comercio recurrente reconoció los retrasos en los que había incurrido con ciertos vuelos, lo cual sirvió al Instituto de Aeronáutica Civil (I.N.A.C.) como prueba del ilícito contenido en el

---

[113]   *Vid.* http://www.tsj.gob.ve/es/web/tsj/decisiones#. Consultada el 19 de febrero de 2018).

artículo 126, numeral 1.1.1 de la Ley de Aeronáutica Civil, es decir, de la parte objetiva de dicha regla. Por lo que la parte actora tenía la carga procesal de traer al procedimiento administrativo y jurisdiccional, la prueba de que tal incumplimiento del itinerario sufrido por los vuelos se produjo por razones que escapaban de su capacidad de acción.

En todo caso, vale destacar que la norma por la cual se sancionó a la hoy apelante prescribe como un ilícito administrativo la omisión de cumplimiento de itinerarios, frecuencias y horarios de vuelos autorizados por el Instituto Nacional de Aeronáutica Civil (I.N.A.C.), por lo que la sola verificación de esta actuación **ya es considerada como suficiente para la aplicación de la sanción correspondiente.**

Es decir, **la simple configuración del ilícito administrativo conlleva a la imposición de la consecuencia jurídica prevista en la norma, de allí que no se requieran elementos subjetivos como la culpa o el dolo para aplicarla, dado que ello no fue prescrito en la disposición jurídica que se analiza.** Por lo tanto, esta Sala considera que en el caso bajo análisis la sentencia apelada no incurrió en el vicio alegado. Así se decide[114].

La sentencia transcrita va en contra de los principios y premisas sobre los que se sostiene la potestad sancionadora administrativa en Venezuela que exigen, tal y como se ha expresado anteriormente, demostrar la culpabilidad del autor de la infracción, configurándose un sistema de responsabilidad subjetiva, que excluye totalmente el sistema de responsabilidad objetiva o por resultado que es la que ahora pretende imponer el Tribunal Supremo de Justicia venezolano.

Hasta aquí se han estudiado las reformas de la Ley de Aeronáutica Civil a partir de la entrada en vigencia de la Constitución lo cual ha permitido determinar que, a partir del 2005, el legislador ha previsto de manera inconstitucional la aplicación de las sanciones de "plano".

---

[114] Sentencia Sala Político Administrativa N° 01140 publicada el 25 de octubre de 2017. http://historico.tsj.gob.ve/decisiones/spa/octubre/204423-01140-251017-2017-2014-0688.HTML. Consultada el 19 de febrero 2018.

Igualmente, se ha revisado el contenido de la jurisprudencia que ha emanado el Máximo Órgano Jurisdiccional como consecuencia de las demandas por violación del derecho humano al debido proceso y a la defensa, y se ha verificado cómo, en el transcurso del tiempo y contradiciéndose así mismo, el referido Tribunal, yendo en contra de su propia naturaleza, ha justificado y sosteniendo la imposición de sanciones sin procedimiento previo.

Esta postura jurisprudencial violatoria del derecho a la defensa se ha fortalecido más recientemente al declarar de forma expresa el referido órgano judicial, que las sanciones previstas en el régimen sancionatorio aeronáutico son *objetivas*[115], lo que implica que el solo hecho de que se haya producido un incumplimiento en dicha normativa el administrado debe ser sancionado, independientemente de su culpabilidad o no.

Seguidamente, se aplicará igual metodología para examinar en qué medida se garantiza el debido proceso y el derecho a la defensa en el régimen de contrataciones públicas, particularmente en los procedimientos sancionatorios previstos por aquel.

---

[115] Sala Político Administrativa del Tribunal Supremo de Justicia. Sentencia N° 00138 de fecha 11 de febrero del 2016. Página Web del Tribunal Supremo de Justicia. http://www.tsj.gob.ve/; y sentencia N° 01140 publicada el 25 de octubre de 2017. http://historico.tsj.gob.ve/decisiones/spa/octubre/204423-01140-251017-2017-2014-0688.HTML Consultadas el 19 de febrero 2018.

III. LA POTESTAD SANCIONADORA Y EL DERECHO A LA DEFENSA EN EL RÉGIMEN JURÍDICO DE LAS CONTRATACIONES PÚBLICAS[116]

1. Introducción

La regulación de las contrataciones públicas en Venezuela desde 1999 ha sufrido una muy marcada inestabilidad por cuanto ha sido objeto de innumerables reformas, lo que ha producido efectos desfavorables para la esfera jurídica de los sujetos a los cuales va dirigida.

A finales del año 1999 fue publicado el *Decreto con Rango, Valor y Fuerza de Ley de Reforma de la Ley de Licitaciones*[117], cuyo texto modificó parcialmente la *Ley de Licitaciones* de 1990.

En diciembre del año siguiente, se dictó el *Decreto con Rango, Valor y Fuerza de Ley de Reforma de la Ley de Licitaciones*[118] dirigido a hacer algunas correcciones en materia de procedimientos de selección de contratistas.

Sin dar tiempo a que se cumpliera un año de la reforma anterior, once meses después, aparece el *Decreto con Fuerza de Ley de Reforma Parcial de la Ley de Licitaciones*[119] y en el 2005 el *Reglamento Parcial del Decreto de Reforma de la Ley de Licitaciones*[120].

La Ley de Licitaciones de 2001, si se la compara con los textos anteriores, tuvo una vigencia relativamente prolongada, la cual es de nuevo interrumpida en el año 2008 cuando, el Presidente de la República, habilitado por la Asamblea Nacional,

---

[116] A los efectos de profundizar en torno al tema de las reformas de las que ha sido objeto el régimen de contrataciones públicas en Venezuela, es oportuno revisar el libro la *Ley de Contrataciones Públicas*. Colección Textos Legislativos de la Editorial Jurídica Venezolana. Tercera Edición. Caracas 2012.

[117] Gaceta Oficial N° 5.386 del 11 de octubre de 1999.

[118] Gaceta Oficial N° 37.097 del 12 de diciembre de 2000.

[119] Gaceta Oficial N° 5.556 Extraordinario del 13 de noviembre de 2001.

[120] Gaceta Oficial N° 38.313 del 14 de noviembre de 2005.

emana el *Decreto Ley N° 5.929 con Rango Valor y Fuerza de Ley de Contrataciones Públicas*[121].

Un año después (2009), se dicta el *Reglamento de la Ley de Contrataciones Públicas*[122] que derogó el del año 2005 y que aún hoy día se encuentra vigente.

En el 2010, aparece otra modificación, la número cinco, a través de la publicación del *Decreto Ley de Reforma Parcial de Contrataciones Públicas*[123] que tiene como objeto incorporar al texto del año 2008 el procedimiento de imposición de medidas preventivas por parte del órgano o ente contratante.

Y, finalmente, una nueva normativa viene a cambiar y regular la materia de contrataciones públicas cuando el Presidente de la República, en el ejercicio de sus poderes habilitantes[124], promulga el *Decreto Ley con Rango, Valor y Fuerza de Ley de Contrataciones Públicas*[125].

Desde 1999 hasta el momento en que se realiza este trabajo, seis (6) han sido las reformas legales y dos (2) los reglamentos en materia de contrataciones públicas.

Ahora bien, todo el régimen jurídico de contrataciones públicas vigente, tiene como fin establecer los parámetros que la Administración pública debe seguir cuando requiera celebrar contratos para ejecutar obras, adquirir bienes, o solicitar la prestación de servicios de los particulares, para garantizar el uso apropiado de los recursos públicos y que los particulares interesados, escogidos para contratar con aquella, sean los más idóneos y eficaces.

---

[121]   Gaceta Oficial N° 38.895 del 14 de marzo de 2008.

[122]   Gaceta Oficial N° 39.181 del 19 de mayo de 2009.

[123]   Gaceta Oficial N° 39.503 del 6 de septiembre de 2010.

[124]   Otorgados dichos poderes habilitantes mediante la Ley Habilitante que autorizó al Presidente de la República para dictar Decretos con Rango, Valor y Fuerza de Ley publicada en la Gaceta Oficial N° 6.112 Extraordinaria del 19 de noviembre de 2013.

[125]   Gaceta Oficial Extraordinaria N° 6.154 del 19 de noviembre de 2014.

Para lograr dicho objeto, la referida normativa, en todas y cada una de sus modificaciones, reformas y derogaciones, ha creado al Servicio Nacional de Contratistas y, dentro de su organización, al Registro Nacional de Contratistas cuya competencia esencial es centralizar la información técnica, jurídica y financiera de los eventuales contratistas siendo obligatoria su inscripción en los registros correspondientes para que puedan participar en los procedimientos de selección que realicen los órganos y entes de la Administración pública.

El régimen de contrataciones públicas atribuye a los mencionados órganos administrativos de control la potestad sancionadora por lo que, entre sus competencias, tienen la autoridad de negar o no la inscripción de los contratistas; y sancionar, mediante la imposición de multas y la suspensión o inhabilitación del Registro Nacional de Contratistas, cuando estos no mantengan actualizados sus datos, hayan incumplido con los contratos suscritos con las entidades públicas, o cometido infracciones a la normativa.

Nos interesa revisar cuál ha sido el tratamiento del derecho a la defensa en los procedimientos sancionatorios previstos en el régimen jurídico de contrataciones públicas y saber en qué términos tal derecho se ha afectado como consecuencia de los múltiples cambios a los cuales ha Estado sometido dicho régimen, para lo cual se estudiará cómo han sido regulados los procedimientos sancionatorios cuya sustanciación corresponde al Servicio Nacional de Contratistas y al Registro Nacional de Contratistas.

En tal sentido, se revisarán las sanciones previstas en las normativas que estuvieron vigentes desde 1999; así como los procedimientos administrativos de los cuales se pueden derivar la imposición de aquellas[126].

---

[126] No se tratará en este trabajo el derecho a la defensa y al debido proceso que debe ser necesariamente garantizado por parte de la Administración pública contratante cuando rescinde unilateralmente un contrato público, protección que ha sido indiscutible

2. *Principales hitos normativos en la evolución legal del régimen de las sanciones en las diversas reformas de la normativa de Contrataciones Públicas*

A. *De las sanciones*

Las sanciones previstas en el régimen jurídico de contrataciones públicas han sido ampliadas desde el año 1999 hasta el 2014.

a. *De las sanciones previstas en el régimen de contrataciones públicas desde 1999 hasta marzo del año 2008*

El *Decreto con Rango y Fuerza* de *Ley de Reforma de la Ley de Licitaciones de 1999*[127] y las reformas de los años 2000[128] y 2001[129] previeron y mantuvieron las siguientes sanciones.

---

tanto por la doctrina como por la jurisprudencia venezolana hasta que, a partir de la decisión 614 del 13 de mayo de 2009, la Sala Político Administrativa del Tribunal Supremo de Justicia dictó sucesivas sentencias mediante las cuales modificó tal criterio contrariando la propia jurisprudencia de la Sala Constitucional del mismo órgano judicial. Para hondar en este tema se recomienda la lectura del trabajo de Miguel Ángel Torrealba: "La rescisión unilateral del contrato público y el debido proceso en la reciente reforma de la Ley de Contrataciones Públicas y sus contradicciones con la jurisprudencia venezolana", que se presentó en las *VIII Jornadas de Derecho Administrativo Iberoamericano "Buena Administración y nuevos retos de la Contratación Pública: Una perspectiva Iberoamericana"*, realizadas del 9 al 13 de marzo de 2015 en La Coruña, España, organizadas por la Universidad Da Coruña. https://jdaiberoamericanas.wordpress.com/anua-rio/anuario-2014/. Consultado el 19/9/2016.

[127] Gaceta Oficial N° 5.386 del 11 de octubre de 1999.

[128] Ley de Reforma Parcial de la Ley de Licitaciones publicada en la Gaceta Oficial N° 37.097 del 12 de diciembre de 2000.

[129] Ley de Licitaciones publicada en la Gaceta Oficial N° 5.556 Extraordinaria de 13-11-2001. De acuerdo a su Exposición de Motivos, la Ley de Licitaciones de 2001 surge con el objetivo fundamental de modernizar y agilizar los procedimientos de selección de contratistas aplicando los principios de economía, transparencia, ho-

- La *negativa* por parte del Registro Nacional de Contratistas *de la inscripción* del particular a dicho Registro por no cumplir con los requisitos exigidos para ello, cuya consecuencia es la imposibilidad de participar en los procedimientos de selección de contratistas.

- *La suspensión del contratista* del Registro Nacional de Contratistas por no actualizar, vencido el Certificado de Inscripción, sus datos; suspensión que se mantenía vigente hasta tanto no se produjera la actualización de los mismos.

- *La suspensión del contratista* cuando el Servicio Nacional de Contratistas determinara que aquel hubiera incurrido en los comportamientos ilegales especificados en la norma, es decir, hubiera: (i) suministrado información falsa, actuado dolosamente o de mala fe, o empleado prácticas fraudulentas para su inscripción por ante el Registro Nacional de Contratistas; o bien cuando tales actitudes se hubieren producido en el ejercicio de los recursos administrativos o en cualquiera de los procedimientos previstos en la normativa; (ii) retirado las ofertas durante su vigencia, o siendo beneficiarios de la *buena pro* no hubieren suscrito el

---

nestidad, eficiencia, igualdad, competencia y publicidad; y, fomentar la eficiencia de la inversión pública. La referida norma mantiene el Servicio Nacional de Contrataciones órgano administrativo con autonomía presupuestaria, financiera y funcional adscrito al Ministerio de la Producción y Comercio (art. 18), el cual cuenta entre sus atribuciones, la de suspender a los infractores de la ley del Registro Nacional de Contratistas de acuerdo a los procedimientos previstos en la normativa (art. 18 y 19.6). Dentro de la estructura organizativa del Servicio Nacional de Contrataciones se mantiene también el Registro Nacional del Contratistas cuya competencia era la de centralizar, organizar y suministrar en forma eficiente, confiable y oportuna, la información básica para la calificación legal, financiera y la clasificación por especialidad de los contratistas, por lo que debía sistematizar, organizar y consolidar los datos suministrados por los contratistas inscritos y transmitirlos a los entes públicos que lo requirieran. Asimismo, tenía las atribuciones derivadas de la de la ordenación y actualización de los datos, entre los cuales, acordar o negar la inscripción del contratista y, si era el caso, emitir el Certificado de Inscripción (art. 36).

contrato, o se abstuvieran de constituir la garantía de fiel cumplimiento, dentro del plazo establecido en los pliegos; (iii) ejercido recursos manifiestamente temerarios contra actos o procedimientos previstos en la normativa; (iv) incumplido sus obligaciones contractuales y el órgano o ente contratante haya decidido rescindir unilateralmente el contrato; (v) realizado prácticas de corrupción.

    b. *De la ampliación de las sanciones mediante la promulgación del Decreto Ley de Contrataciones Públicas del 11 de marzo de 2008*

Con la promulgación del *Decreto Ley de Contrataciones Públicas del 14 de marzo de 2008*[130], el *ejecutivo-legislador* amplió las sanciones a ser impuestas a los particulares al incorporar la imposición de *multas* y la *inhabilitación* del contratista como consecuencia de la suspensión del Registro Nacional de Contratistas.

Así, la referida regulación estableció las siguientes sanciones:

- la *negativa* por parte del Registro Nacional de contratistas *de la inscripción* del particular por no cumplir con los requisitos exigidos para ello (artículo 27.1);

- la *suspensión* del contratista del Registro Nacional de Contratistas por no actualizar, vencido el certificado de inscripción, sus datos (artículo 30);

---

[130] El Decreto Ley de Contrataciones Públicas del 2008, deroga la Ley de Licitaciones del año 2001, con el objeto, según su Exposición de Motivos, de crear reglas transparentes que promovieran la capacidad productiva con responsabilidad social; dar agilidad a los procesos de contratación y promover el desarrollo de las actividades sociales; regular los tiempos de cada modalidad de contratación; dar prioridades a las Pymi, cooperativas y otras formas asociativas en las modalidades de selección de contratistas; cambiar los rangos cuantitativos de las unidades tributarias para las modalidades de contratación; establecer el compromiso de responsabilidad social; e incorporar a los consejos comunales.

- *multa* de trescientas unidades tributarias (300 U.T) cuando el contratista hubiere incumplido las obligaciones contractuales, para lo cual el órgano contratante debía sustanciar el expediente respectivo y remitirlo al Servicio Nacional de Contratistas (artículo 131);

- la *suspensión del Registro Nacional de Contratistas* y la *inhabilitación* para integrar sociedades de cualquier naturaleza que con fines comerciales puedan contratar con la Administración pública, cuando recibiera del contratante el informe sobre la evaluación y desempeño del contratista del cual se desprendiera su incumplimiento (artículo 131).

En tal sentido, preveía el artículo 131, en el Título VI *"Sanciones"*, que:

Artículo 131. Sin perjuicio de la responsabilidad civil, administrativa y penal que corresponda, **cuando se compruebe mediante la evaluación y desempeño de los contratistas**, en el ejercicio administrativo y operativo relacionado con la contratación, **que incumplan con las obligaciones contractuales, el órgano o ente contratante deberá sustanciar el expediente respectivo para remitirlo al Servicio Nacional de Contrataciones a los fines de la suspensión en el Registro Nacional de Contratistas. Los responsables serán sancionados con multa de tres mil unidades tributarias (3.000 UT.), y el Servicio Nacional de Contratistas declarará la inhabilitación de éstos, para integrar sociedades de cualquier naturaleza que con fines comerciales pueda contratar con la administración pública.** La declaratoria de la inhabilitación, será notificada a los órganos competentes de conformidad con el Reglamento del presente Decreto con Rango, Valor y Fuerza de Ley.

Transcurrido un poco más de un año de la entrada en vigencia del Decreto Ley de Contrataciones Públicas del 2008, se alteró nuevamente su contenido en el 2009[131] con el fin de cambiar su título; incorporar precisiones relativas a los procedimientos de selección de contratistas; y, finalmente, modificar el artículo 131 relativo a las sanciones aplicables a los contratistas

---

[131] Gaceta Oficial N° 39.165 de fecha 24 de abril de 2009.

las cuales siguen siendo las mismas pero se incluye, tal y como lo disponía la *Ley de Licitaciones* del año 2001, los lapsos de suspensión del Registro Nacional de Contratistas en función de los incumplimientos que hubieren realizado los contratistas.

Al respecto, el nuevo artículo 139 que modifica el artículo 131 del Decreto Ley de 2008, quedó redactado en los siguientes términos:

Sanciones a los particulares

Artículo 139. Sin perjuicio de la responsabilidad civil, administrativa y penal que corresponda, cuando se compruebe mediante la evaluación y desempeño de los contratistas, en el ejercicio administrativo y operativo relacionado con la contratación, que incumplan con las obligaciones contractuales, el órgano o ente contratante deberá sustanciar el expediente respectivo para remitirlo al Servicio Nacional de Contrataciones a los fines de la suspensión en el Registro Nacional de Contratistas.

Los responsables **serán sancionados con multa** de tres mil unidades tributarias (3.000. UT), y el Servicio Nacional de Contratistas **declarará la inhabilitación** de éstos, para integrar sociedades de cualquier naturaleza que con fines comerciales pueda contratar con la administración pública. La declaratoria de la inhabilitación, será notificada a los órganos competentes de conformidad con el Reglamento de la presente Ley.

Igualmente, cuando el infractor de la presente Ley **fuese una persona jurídica**, se le suspende del Registro Nacional de Contratistas, independientemente de la responsabilidad civil, penal o administrativa de sus representantes, por los siguientes lapsos:

-   De tres a cuatro años, cuando suministren información falsa, actúen dolosamente, de mala fe o empleen otras prácticas fraudulentas para la inscripción en el Registro Nacional de Contratistas, en el ejercicio de recursos, o cualesquiera otros procedimientos previstos en la presente Ley.

-   De dos a tres años cuando retiren ofertas durante su vigencia, o siendo beneficiarios de la adjudicación no suscriban el contrato o no constituyan la garantía de fiel cumplimiento del contrato, dentro del plazo establecido en los pliegos de condiciones.

-   De dos a tres años cuando ejerzan recursos manifiestamente temerarios contra los actos o procedimientos previstos en la presente Ley, o les sean resueltos por su incumplimiento contratos celebrados con órganos o entes regidos por la misma.

-   De cuatro a cinco años cuando incurran en prácticas de corrupción.

Un segundo cambio parcial del Decreto Ley de Contrataciones Públicas del 2008, se produce en el 2010[132], dirigido a incorporar el procedimiento para la imposición de medidas preventivas que podría imponer el órgano o ente contratante si determinara el incumplimiento por parte del contratista del contrato administrativo.

>   c.   *De las sanciones vigentes en materia de contrataciones*
>   *públicas previstas en el Decreto Ley de Contrataciones*
>   *Públicas de 2014*

En el Título VI "De las Infracciones y sanciones", el nuevo Decreto Ley de Contrataciones del 2014[133] regula los supuestos

---

[132]   Gaceta Oficial N° 39.503 del 6 de septiembre de 2010.

[133]   Con base en la Ley Habilitante que autoriza al Presidente de la República a dictar Decretos con Rango y Fuerza de Ley publicada en la Gaceta Oficial N° 6.112 Extraordinario, de fecha 19 de noviembre de 2013, se promulga el Decreto N° 1.399, mediante el cual se dicta una nueva ley en materia de contrataciones públicas a través de la emanación del Decreto con Rango, Valor y Fuerza de Ley de Contrataciones Públicas del 2014. A partir de ésta nueva reforma se pretende el perfeccionamiento de "los procedimientos y obligaciones establecidos para su correcta aplicación por parte de todas las personas naturales o jurídicas, públicas y privadas sujetos de la contratación pública" por lo que, a los efectos de la lucha contra la corrupción, la ley "establece procedimientos que permitirán fortalecer los controles en los procesos de contratación que deba realizar el Estado, sin afectar la eficiencia en la realización de los mismos, y se incorporan mecanismos que per-

que generan la responsabilidad administrativa (artículo 166), la cual deberá ser determinada y sancionada por la Contraloría General de la República.

Asimismo, enumera los supuestos generadores de sanción a los particulares, entre los cuales se encuentran:

1. La rescisión del contrato por incumplimiento o por cualquier otra causa, imputable al contratista.

---

mitirán fortalecer las sanciones de carácter administrativo por incumplimiento del Decreto con Rango, Valor y Fuerza de Ley". Efectivamente, se sistematizan de manera más clara los procedimientos referidos a la aplicación de las sanciones consagrándose normas expresas que determinan las infracciones en las que pudieran incurrir, tanto los funcionarios públicos como los particulares; así como el procedimiento para la aplicación de aquellas. Se incorpora en el Título Primero de las "Disposiciones Generales", el Capítulo referido a "Los Procedimientos, Notificaciones y Recursos Administrativos" y se especifica que las actuaciones de los contratantes deben sujetarse a los procedimientos establecidos en la ley y que, en forma supletoria, se aplicará la Ley de procedimientos administrativos (art. 7). En materia de notificaciones, se dispone que los actos administrativos deben notificarse de manera electrónica siempre que el destinatario lo haya aceptado previamente y se exige que, en el caso de rescisiones unilaterales de contratos por incumplimiento del contratista y de decisiones que se deriven de un procedimiento administrativo que afecte derechos subjetivos, las mismas además de hacerse electrónicamente deberán ser publicadas en la página web del Servicio Nacional de Contratistas, tomándose como fecha cierta de la notificación "el evento que primero ocurra según pueda verificarse". Se agrega, asimismo, que si por razones técnicas fuera imposible la notificación electrónica, la misma deberá concretarse de conformidad con el procedimiento previsto en la Ley Orgánica de Procedimientos Administrativos (art. 8). En materia de recursos administrativos, se establece que los particulares podrán ejercer aquellos previstos en la ley de procedimientos administrativos contra toda decisión emanada de los entes contratantes o del Servicio y Registro Nacional de Contratistas (Art. 9), y se aclara que las decisiones dictadas por el Servicio Nacional de Contratistas, como máxima autoridad, agotan la vía administrativa (art. 10).

2. El incumplimiento imputable al contratista de cualquier otra obligación de Ley o de cualquiera que hubiere asumido para con el contratante, aun cuando ello no comporte rescisión del contrato.

3. El suministro o presentación de información o documentación falsa, ante los órganos o entes contratantes o ante el Servicio Nacional de Contrataciones.

4. El retiro de las ofertas durante la vigencia del contrato.

5. La no suscripción del contrato, dentro del plazo establecido, cuando el contratista haya sido beneficiario de la adjudicación.

6. Incurrir en prácticas de mala fe o empleo de prácticas fraudulentas en los trámites y procesos regulados por el Decreto con Rango, Valor y Fuerza de Ley.

En relación a las sanciones de las cuales puede ser objeto el particular contratista se determina, en el artículo 168, que las mismas son:

- la *Suspensión de los Certificados* otorgados por el Registro Nacional de Contratistas, impuesta como *medida preventiva* por parte del Servicio Nacional a los presuntos infractores de la ley (artículo 37.19);

- *multa* de trescientas (300 U.T) unidades tributarias, impuesta por el ente contratante una vez efectuado el procedimiento respectivo y en cuya decisión se determine la comisión de las infracciones previstas en el artículo 168. Esta decisión debe ser remitida al Servicio Nacional de Contrataciones, quien es el beneficiario de la multa, al cual se le deberá acompañar con la constancia de la debida notificación al contratista (artículo 168);

- *inhabilitación como sanción accesoria* del contratista que hubiere sido sancionado con multa, cuya aplicación corresponde al Servicio Nacional de Contratistas, cuando se produzcan las infracciones señaladas en el artículo 168 y que se hará efectiva con la *suspensión* del contratista del Registro Nacional de Contratistas;

- la *inhabilitación como sanción principal* la cual se impondrá en los casos en los cuales el Servicio Nacional de Contratistas determine, mediante el procedimiento sancionatorio correspondiente, que el contratista: (i) ha incumplido con las obligaciones previstas en la normativa de contrataciones públicas o las que hubiere asumido con el ente contratante aun cuando tales incumplimientos no generen la rescisión unilateral del contrato (artículo 168.2); (ii) ha suministrado o presentado información o documentación falsa ante los entes u órganos contratantes (artículo 168.3); (iii) no ha suscrito, en el tiempo previsto, el contrato habiendo sido beneficiario de su adjudicación por razones imputables a él (artículo 168.5); y, finalmente, (iv) cuando incurra en prácticas de mala fe o fraudulentas en los trámites y procedimiento previstos en la ley (artículo 168.6).

B.   *De los procedimientos sancionatorios*

A los fines de imponer las sanciones antecedentemente descritas, es necesario que los órganos competentes desarrollen los correspondientes procedimientos, por lo que en las próximas líneas se hará referencia i) al procedimiento para la inscripción del contratista por ante el Registro Nacional de Contratistas; ii) el relativo a la evaluación del desempeño del contratista; y, finalmente, iii) el procedimiento para la imposición de las sanciones.

a.   *Del procedimiento para la inscripción del contratista por ante el Registro Nacional de Contratistas*

Desde la Ley de Licitaciones de 1990, la inscripción al Registro Nacional de Contratistas es obligatoria para aquellos que quieran presentar sus ofertas en cualquier procedimiento de selección de contratistas; por lo que resulta un elemento previo fundamental que debían y deben cumplir, salvo las excepciones establecidas en la ley, toda persona natural o jurídica privada que pretendiera celebrar un contrato con los entes públicos en Venezuela.

El *Decreto con Rango y fuerza de Ley de Reforma de la Ley de Licitaciones de 1999* estableció que el Registro Nacional de Contratistas tenía, dentro de los veinte (20) días siguientes a la presentación de la solicitud, que dictar una decisión motivada acordando o negando la inscripción y que la misma podía ser negada si el contratista hubiera sido objeto de suspensión; suministrando información falsa; o no hubiera cumplido con los requisitos establecidos por el Servicio Nacional de Contrataciones; o, por cualquier otra causa establecida por el Servicio Nacional de Contrataciones (artículo 62).

En caso de que se produjeran estas causas y el Registro Nacional de Contratistas negara la inscripción, el solicitante podía, dentro de los diez (10) días hábiles siguientes a su notificación, recurrir tal decisión por ante el Directorio del Servicio Nacional de Contratistas, el cual tenía un lapso de veinte (20) días hábiles para resolver el recurso, decisión que agotaba la vía administrativa.

Con la reforma de la Ley de Licitaciones en el año 2001, el procedimiento para la inscripción del contratista es idéntico en lo que se refiere al lapso de veinte (20) días siguientes para dar respuesta a la solicitud de inscripción y a los mismos motivos que pudieran dar lugar a su negativa (artículo 37), pero se modifica el procedimiento para el ejercicio de los recursos administrativos que, a partir de ese momento, se regirán por lo previsto en la Ley Orgánica de Procedimientos Administrativos (artículo 38).

Ahora bien, el nuevo texto legal publicado en marzo de 2008, no hace especificaciones concretas en torno al procedimiento especial para la inscripción del contratista por ante el Registro Nacional de Contrataciones; tampoco el reglamento vigente para esa fecha, que es el del año 2005, el cual no tenía regulaciones en ese sentido debido a que la Ley de Licitaciones de 2001, tal y como se señaló, diseñaba este procedimiento.

Tuvo que transcurrir poco más de un año para conocerse el procedimiento especial referido, cuando el 19 de mayo de 2009 se dicta el nuevo Reglamento[134] de la ley.

---

[134]   Decreto N° 6.708 publicado en la Gaceta Oficial N° 39.181 de 19-05-2009. Mediante este nuevo Reglamento se derogan expresamente: a) el Decreto N° 4.032 de 14-11-2005 contentivo del Regla-

El Decreto-Ley de Contrataciones vigente del 2014, además de reiterar la obligatoriedad de inscripción por ante el Registro Nacional de Contratistas de los potenciales oferentes para participar en los procesos de selección de contratistas (artículo 47), no establece un procedimiento específico por lo que se mantiene el previsto en el reglamento de 2009.

    b.   *Del Procedimiento de evaluación del desempeño del contratista*

A los fines del mejoramiento de la calidad por parte de los contratistas en la ejecución de los contratos, la legislación de contrataciones públicas ha mantenido la exigencia de que los entes contratantes evalúen su actuación y desempeño de los contratistas.

Así, en la Ley de Licitaciones de 1999, se estipulaba que el contratista debía participar en este procedimiento para aportar ante la gerencia o unidad técnica responsable del contrato, las circunstancias y las situaciones acaecidas durante la ejecución del mismo a los fines de que tuviera suficientes elementos para la correspondiente evaluación.

Dicha gerencia debía emitir el informe de evaluación dentro de los veinte (20) días hábiles siguientes a la finalización del contrato y notificarlo al contratista especificando las circunstancias de incumplimiento del contrato, en caso de que las hubiere. Asimismo, mediante la notificación el ente contratante debía invitar al contratista a que discutieran el contenido del informe (artículo 60).

---

mento Parcial de la Ley de Licitaciones, Gaceta Oficial N° 38.313 de 14-11-2005; b) el Decreto N° 2.371 de 24-04-2003 contentivo del Reglamento Parcial de la Ley de Licitaciones para la Adquisición Directa en caso de Contratación de Obras, Servicios o Adquisición de Bienes, en Gaceta Oficial N° 37.688 de fecha 13-05-2003; y c) el Decreto N° 1.417 sobre Condiciones Generales de Contratación para la Ejecución de Obras, en Gaceta Oficial N° 5.096 Extraordinario de fecha 31-07-1996.

Una vez finalizada esta fase, el ente contratante dentro de los seis (6) meses siguientes a la finalización del contrato, remitía el Informe al Registro Nacional de Contratistas y, en ese mismo plazo, el contratista podía dirigirse a este organismo a objeto de informar sobre la ejecución del contrato.

Con la reforma de la ley del año 2001, hay una modificación sustancial en cuanto a la participación del contratista en el procedimiento para su evaluación, por cuanto no es llamado a aportar en el transcurso de aquel sus alegatos y consideraciones con relación a la ejecución del contrato.

Simplemente el ente contratante, dentro de los veinte (20) días siguientes a la terminación del contrato, notificaba al contratista la evaluación realizada y en los treinta (30) días hábiles siguientes contados a partir de dicha notificación, debía remitirla al Registro Nacional de Contratista, oportunidad en la cual el contratista podía aportar la información que considerara necesaria sobre la ejecución del contrato (artículo 35).

Se preveía igualmente el derecho del contratista de recurrir (artículo 34) la evaluación de conformidad con lo previsto en la Ley Orgánica de Procedimientos Administrativos.

En el Decreto Ley de Contrataciones Públicas de 2008, se mantuvo la obligación de los órganos y entes contratantes de remitir al Registro Nacional de Contratistas la información sobre la actuación o desempeño del contratista (artículo 35), estableciendo que dicha información debía ser remitida al Registro "dentro de treinta (30) días hábiles siguientes a la notificación de los resultados en la ejecución de los contratos de obra, de adquisición de bienes o de prestación de servicios" (artículo 31); y que el informe debía ser notificado al contratista dentro de los veinte (20) días hábiles siguientes a la finalización del contrato, contra el cual, podía ejercer los recursos administrativos correspondientes (artículo 35).

A diferencia de lo previsto en la Ley de Licitaciones de 2001, no se señaló de manera expresa que el contratista tuviera la oportunidad de comparecer por ante el Registro Nacional de Contratistas para expresar las razones que justificaron o no el incumplimiento del contrato

El reglamento de la ley vigente para la época, el del 2005, nada dice al respecto porque, al igual que en el procedimiento para la inscripción del Registro Nacional de Contratistas, la Ley de Licitaciones establecía dicha oportunidad. Tampoco el reglamento que entró en vigencia a partir de mayo del 2009 hizo mención alguna a ello.

El Decreto Ley de Contrataciones Públicas del 2014, señala que los entes contratantes deberán remitir al Registro Nacional de Contratistas la información sobre la actuación o desempeño del contratista para lo cual tienen un lapso de cinco (5) días hábiles, contados a partir de que se le notifique al contratista los resultados de la ejecución de los contratos de bienes, prestación de servicios o ejecución de obras (artículo 51).

Igualmente, se establece la obligatoriedad de los entes u órganos contratantes de remitir dicha información al Servicio Nacional de Contratistas cuando se hayan producido rescisiones unilaterales del contrato independientemente del monto del mismo.

Como ya se mencionó, el reglamento de la Ley de Contrataciones Públicas de 2009 vigente no expresa de manera específica un procedimiento especial para la elaboración del informe de evaluación por parte del ente contratante, de manera que deberá aplicarse supletoriamente la Ley Orgánica de Procedimientos Administrativos.

c. *Del Procedimiento para la imposición de las sanciones*

El Decreto Ley de Licitaciones de 1999, no hizo mención expresa al procedimiento para la suspensión de los contratistas del Registro Nacional de Contratistas. Su texto, como se dijo, es una reforma de la Ley de Licitaciones de 1990 la cual establecía, en el Capítulo VII titulado *"De la violación a los procedimientos y sanciones"*, que cuando el infractor de la ley fuere un contratista se le sancionará además con la suspensión del Sistema Nacional de Registros de Contratistas por un lapso no menor de un año y no mayor de cinco (artículo 67).

Y, seguidamente, en el artículo 68[135] se le atribuía al Contralor General de la República la competencia para imponer las sanciones de dicha ley, para lo cual debía seguir el procedimiento previsto en el Título IV, Capítulo III de la Ley Orgánica de la Contraloría General de la República.

Las Leyes de la Contraloría aplicables para la fecha en que se dictó la Ley de Licitaciones de 1990 y durante su vigencia hasta el año 1999, fueron las del año 1984 y 1995; ambas preveían los procedimientos correspondientes para la determinación de las responsabilidades administrativas de funcionarios y particulares y la eventual imposición de la correspondiente sanción, por lo que estos eran los procedimientos que debían activarse para el caso en que se determinara la comisión de hechos ilícitos por parte de los particulares.

Ahora bien, en la reforma de 1999, el Decreto Ley de Licitaciones no atribuye a la Contraloría de la República la competencia para imponer las sanciones de la ley, sino que ello le corresponde al Servicio Nacional de Contratistas. Ante la ausencia de un procedimiento sancionatorio especial, por tanto, el Servicio Nacional de Contratistas debía aplicar la Ley Orgánica de Procedimientos Administrativos para determinar o no la comisión de ilícitos por parte de los contratistas.

Al igual que el Decreto Ley de 1999, la reforma de 2001 no hace referencia expresa al procedimiento para la aplicación de la sanción de suspensión de los contratistas, por lo que el procedimiento aplicable era el de la Ley Orgánica de Procedimientos Administrativos.

---

[135] "Artículo 68. Las sanciones a que se refiere esta Ley, serán impuestas por el Contralor General de la República, siguiendo el procedimiento previsto en el título VI, Capítulo 111 de la Ley Orgánica dula Contraloría General de la República, teniendo en cuenta las circunstancias del caso, la gravedad de las infracciones y faltas y los eventuales perjuicios causados al ente promovente".

En el caso del procedimiento para la imposición de las sanciones en el Decreto Ley de Contrataciones Públicas del 2008 se observa lo siguiente.

En relación a la imposición de la *multa* esta es consecuencia del procedimiento que se desarrolla por ante el ente contratante, cuando determina el incumplimiento de las obligaciones contractuales por parte del contratista y tal circunstancia debe estar señalada en el Informe de desempeño; este procedimiento sancionatorio debía desarrollarse de conformidad con la Ley Orgánica de Procedimientos Administrativos.

La *suspensión* de los contratistas del Registro Nacional de Contratistas, se aplica de manera inmediata por el Servicio Nacional de Contrataciones una vez que reciba, por parte del ente u órgano contratante, un informe negativo de desempeño del contratista.

No hay un procedimiento especial por tanto para la *suspensión* de los contratistas por actuar dolosa o fraudulentamente, incumplir con las obligaciones de la ley o llevar a cabo actos de corrupción, por lo que la imposición de tal sanción deberá ser consecuencia de la ejecución de los procedimientos previstos en la Ley Orgánica de Procedimientos.

En cuanto al procedimiento para la declaratoria de la *inhabilitación* del contratista, ni la norma del 2008 ni el reglamento vigente del año 2005 hacen mención a que la misma ha de ser previamente pronunciada por la Contraloría General de la República, por lo que pareciera que dicha declaratoria corresponde al Servicio Nacional de Contratistas, una vez recibido el informe negativo de desempeño y es consecuencia de la suspensión del contratista del Registro Nacional.

Ahora bien, hay que recordar que, en mayo del 2009, entra en vigencia el Reglamento de la Ley de Contrataciones, el cual establece que la declaratoria de la inhabilitación del contratista (artículo 54.4 del Reglamento) corresponde a la Contraloría General de la República.

Por lo tanto, desde marzo de 2008 (fecha en que se dicta el Decreto Ley de Contrataciones públicas) hasta mayo del 2009 (fecha en que se dicta el reglamento de la ley) la *inhabilitación* del contratista era competencia del Servicio Nacional de Contrataciones.

El Decreto Ley de Contrataciones Públicas del 2014, actualmente vigente, establece que el procedimiento para la imposición de la *multa* por parte del ente u órgano contratante con ocasión de los incumplimientos del contratista previstos en el artículo 168, se deberá realizar de conformidad con lo previsto en la Ley Orgánica de Procedimientos Administrativos.

En tanto que el procedimiento para la *inhabilitación como sanción accesoria* del contratista que se materializa mediante la suspensión de aquel de la inscripción ante el Registro Nacional de Contratistas, sanción que se extiende a los socios, miembros o administradores de la persona jurídica inhabilitada, se inicia en el marco de los siguientes pasos:

- que el ente contratante haya sustanciado un procedimiento administrativo sancionatorio en el que haya determinado la comisión de un ilícito por parte del contratista; o bien, la recisión unilateral del contrato y decida, en consecuencia, la imposición de la multa;

- la debida notificación al contratista de la sanción impuesta por el ente contratante;

- la remisión de la notificación de la sanción al Servicio Nacional de Contratistas;

- recibida la sanción impuesta al contratista por parte del ente u órgano contratante, el Servicio Nacional de Contrataciones abrirá un procedimiento que notificará al contratista a los fines de que en un lapso de cinco (5) días hábiles alegue lo que considere pertinente en cuanto a la aplicación de la sanción accesoria de inhabilitación.

Señala expresamente el Decreto Ley de Contrataciones vigente que en este procedimiento no se discute la juricidad de las causas que motivaron la decisión del órgano u ente contratante sino la aplicación o no de la inhabilitación.

Efectivamente el referido artículo 168 dispone lo siguiente:

La inhabilitación de los infractores para contratar con el Estado, se hará efectiva por medio de la suspensión de la inscripción ante el Registro Nacional de Contratistas y será extensiva a personas naturales que participen como socios, miembros o administradores dentro de la conformación y organización, de los inhabilitados.

El Servicio Nacional de Contrataciones, una vez recibida la decisión del contratante, procederá a notificar al contratista para que, en el lapso de cinco días hábiles, alegue lo que considere pertinente en cuanto a la aplicación de la inhabilitación. En este procedimiento no se analizarán causas de fondo que hubieren motivado la decisión del contratante.

Las sanciones accesorias contempladas en los numerales 2, 3, 5 y 6 del presente artículo, podrán ser aplicadas por el Servicio Nacional de Contrataciones, a título de sanción principal y previa sustanciación del respectivo procedimiento administrativo, cuando en los trámites y procesos que le competan, determine la existencia de los supuestos previstos en esos numerales.

Ahora bien, en cuanto al procedimiento para la imposición de la *inhabilitación como sanción accesoria* surge una confusión, toda vez que, por una parte, el reglamento de la Ley de Contrataciones sigue siendo el del año 2009 y el mismo establece que la inhabilitación ha de ser previamente declarada por la Contraloría General de la República mediante el procedimiento correspondiente; y, por otra, se prevé un procedimiento especial que desarrolla el Servicio Nacional de Contrataciones el cual, en un plazo de cinco (5) días, podrá resolver si inhabilitar o no al contratista.

Asimismo, el artículo 37.18 del Decreto Ley de Contrataciones vigente señala entre las competencias del Servicio Nacional de Contrataciones la de "Denunciar a la Contraloría General de la República, los casos y hechos que puedan generar responsabilidad administrativa".

Con relación a la *inhabilitación como sanción principal* consecuencia de los ilícitos previstos en los numerales 2, 3, 5 y 6 del artículo 168, dicha disposición refiere que la misma será aplicada previa sustanciación del respectivo procedimiento administrativo, con lo cual pareciera que tal procedimiento es el de la Ley de la Contraloría General de la República.

3. *El régimen jurídico de las Contrataciones públicas y sus consecuencias en materia de derecho a la defensa*

El régimen jurídico de contrataciones públicas ha estado sometido a una serie de reformas y derogaciones en el transcurso de los últimos 17 años que han sido efectuadas, especialmente el Decreto Ley de Contrataciones Públicas del 2008, con total y absoluta carencia de técnica legislativa.

Las normas son la trascripción en un texto de las decisiones políticas, dirigidas a materializar los valores consagrados en la Constitución y constituyen los parámetros y el sentido de la actuación de los poderes públicos de un Estado determinado.

En la compleja labor de regular el ejercicio de las libertades de los ciudadanos y de establecer los límites del poder y satisfacer el fin teleológico para el cual las leyes han sido elaboradas deben, necesariamente, cumplir con un conjunto de condiciones esenciales, a saber:

1. Sus disposiciones tienen que estar en armonía con el resto del ordenamiento jurídico. La ausencia de esta coherencia genera contradicciones en su aplicación e interpretación que llevan o bien a la violación de los derechos de los ciudadanos; o, a la inaplicación de su texto, perdiendo su sentido y razón de ser.

2. La ley debe reflejar correctamente y con claridad la decisión política que la origina para que quienes la interpreten y apliquen comprendan, sin contradicciones, su alcance y sentido.

3. Debe evitarse la ambigüedad de la ley, en el sentido, de que su interpretación ha de ser única con el objeto de garantizar los derechos a la seguridad jurídica y a la igualdad ante la ley.

En efecto, una norma que pueda ser objeto de diversas interpretaciones genera dudas, incertezas y está destinada a ser cumplida por los ciudadanos parcial o equivocadamente, pues cada quien la interpreta de forma distinta; asimismo, las múltiples maneras de comprenderla conlleva a la aplicación desigual de la misma por parte de los jueces quienes, ante dos hechos objetivamente iguales, podrían en su interpretación personal resolver el caso de manera distinta[136].

Las múltiples reformas realizadas, por el *ejecutivo-legislador* quien no tiene como competencia principal la de legislar, especialmente el Decreto con Rango y Fuerza de Ley de Contrataciones Públicas de 2008, han sido hechas sin tomar en cuenta estos elementos esenciales de técnica jurídica por lo que su contenido, en lo que se refiere a la potestad sancionadora del Servicio de Contrataciones Públicas y a los procedimientos estudiados, ha generado inseguridad jurídica al ser sus preceptos incoherentes con los valores constitucionales del ordenamiento jurídico; igualmente, tales reformas han generado ineficiencia en el ejercicio de la potestad controladora de los órganos administrativos llamados a aplicar la ley; todo lo cual se traduce en la violación de los derechos de quienes están sometidos a aquella.

---

[136] Consultar sobre este tema, entre otros, la siguiente bibliografía: Norberto Bobbio: *Teoría dell´ordinamento giuridico*. Giapichelli editore, Torino, 960. Lorenzo Fernández Gómez: *Bases filosóficas para el Estudio del Derecho*. Editado por la Librería Álvaro Nova, Mérida, 1995. Eduardo García Maynez: *Introducción al Estudio del Derecho*. Editorial Porrua. México 1985. Hans Kelsen: *Teoría Pura del derecho*. Eudeba Editorial Universitaria de Buenos Aires 1960. Ángel Latorre: *Introducción al Derecho*. Editorial Ariel, Barcelona 1992. Tosta, M. L. *Introducción al Derecho*. Universidad Central de Venezuela. Caracas 1987. Miguel Alejandro López Olvera: *Lineamientos de técnica legislativa para la elaboración de las leyes en México*. DR © 2000. Universidad Nacional Autónoma de México, Facultad de Derecho. http://www.juridicas.unam.mx/publica/li-brev/rev/facdermx/cont/229/dtr/dtr7.pdf. Consultado el 19/04/16.

i. De la inseguridad jurídica

La primera de las consideraciones es la relativa a la inevitable inseguridad jurídica para los sujetos sometidos al régimen contractual público, como consecuencia de los diversos cambios realizados.

En efecto, una de las características de las leyes es la de su permanencia, es decir, que las mismas tengan la vocación de durar en el tiempo, para que se establezcan vínculos claros y de certeza entre las relaciones jurídicas de los sujetos de derecho.

La reforma constante de una misma norma, en este caso del Decreto Ley de Contrataciones Públicas, ha exigido tanto de los órganos administrativos como de los particulares –a quienes se les limita sus derechos con nuevas obligaciones y cumplimientos-, a realizar una forzada adaptación de las nuevas disposiciones para reordenar la realidad en curso; esfuerzo que, por la dinámica vertiginosa de dicha realidad, no se concreta eficientemente afectándose, en tal sentido, el ejercicio de las libertades económicas de quienes contratan o quieren contratar con el Estado; y el buen funcionamiento de la Administración pública en el desempeño de sus funciones.

ii. De la incoherencia en la regulación de los procedimientos administrativos sancionatorios

Por otra parte, como consecuencia de las seis reformas de la normativa de contrataciones públicas y de los dos reglamentos promulgados no ha habido coherencia y claridad en la estructuración y diseño de los procedimientos estudiados.

Para la inscripción del contratista en el Registro Nacional de Contratistas o para la elaboración del Informe de desempeño; o para la imposición de sanciones, se han regulado procedimientos especiales, estableciéndose plazos específicos y garantizándole al particular el ejercicio de su derecho a la defensa; y, otras, se han cambiado sus términos y plazos, o se ha omitido de manera absoluta tal regulación por lo que la Administración pública debe acudir a la Ley Orgánica de Procedimientos Administrativos.

Tal incertidumbre producto del cambio reiterado en la concepción de los procedimientos que se llevan por ante el Sistema Nacional de Contrataciones, ha exigido de este reorganizar constantemente sus procedimientos, instruir a sus funcionarios, procurar eficiencia y eficacia en el desarrollo de sus actuaciones, garantizar el desenvolvimiento apropiado de sus funciones, lo que en la práctica ha resultado de difícil materialización debido a la inexistencia de continuidad en el desarrollo de las formas que regulan el ejercicio de su potestad controladora.

iii. De la violación del derecho a la defensa en virtud de la previsión inconstitucional de las sanciones de "plano"

Igualmente, en las modificaciones revisadas y como consecuencia de una postura por parte del *ejecutivo-legislador* de observar al empresario como un sujeto que actúa desde la mala fe, se ha previsto legalmente la violación del debido proceso y de cada una de sus garantías, mediante la previsión inconstitucional de las sanciones de "plano".

En efecto, al consagrarse en el artículo 139 del Decreto Ley de Contrataciones Públicas de 2008, la posibilidad de que el Servicio Nacional de Contratistas pueda suspender del Registro a las personas naturales y jurídicas e inhabilitarlas, consecuentemente como sanción accesoria por la simple recepción de un informe negativo por parte del ente u órgano contratante, constituye una clara violación del artículo 49 constitucional.

Es decir, con el artículo 139 se previó la imposición de sanciones de "plano" pudiendo el Servicio Nacional de Contratistas limitar el ejercicio de las libertades económicas de los particulares suspendiéndolo automáticamente del Registro Nacional de Contratistas y, peor aún, impidiéndoles mediante la inhabilitación la constitución de sociedades sin que, para la configuración de tales sanciones, mediara la más mínima posibilidad para el contratista -evaluado, juzgado y sancionado por su contraparte-, de defenderse y contradecir los dichos del ente u órgano contratante.

Tanto el Servicio Nacional de Contratistas como la jurisprudencia que se revisará más adelante, han justificado tal inconstitucionalidad, señalando simplemente que tales sanciones son *objetivas* y *accesorias* y que, en consecuencia, la garantía del derecho a la defensa del contratista se materializa al participar en el procedimiento sancionatorio que sustancia el órgano u ente contratante.

El que previamente se produzca un procedimiento sancionatorio llevado por el contratante para determinar el incumplimiento de las obligaciones del contratista e imponerle, una vez sustanciado el expediente, la sanción de la multa no justifica, desde la perspectiva de las garantías del debido proceso y desde los principios que regulan la potestad sancionadora, que el Servicio Nacional de Contratistas de manera inmediata y sin la puesta en marcha del procedimiento sancionatorio respectivo, pueda sancionar al contratista con su suspensión e inhabilitación.

Admitir esta postura, y sostenerla reiteradamente, es sorprendente. Ante la inconstitucionalidad de la norma lo que ha debido suceder es que el Servicio Nacional de Contratistas primero; y la Sala Política Administrativa después dejaran de aplicar el referido precepto.

Y ello por las siguientes razones:

El procedimiento sancionatorio que lleva a cabo la Administración pública contratante tiene como objetivo determinar si, efectivamente, el contratista ha incumplido con los términos del contrato y con las obligaciones de la ley y, en caso de que llegue a esa conclusión, sancionarlo a través de la multa. Sanción que cumple con la finalidad de castigar el incumplimiento del contrato.

Ahora bien, quien juzga el referido incumplimiento es una de las partes del contrato por lo que resulta evidente que dicho procedimiento carecerá de objetividad. De ahí que al contratista se le garantice el ejercicio de los recursos contencioso administrativos para que, en sede jurisdiccional, un juez objetivo e imparcial revise el asunto controvertido.

Por lo tanto, prever que se apliquen distintas sanciones, suspensión e inhabilitación, por parte de otro órgano de la Administración pública como consecuencia de un procedimiento en el cual quien ha decidido es juez y parte, viola el debido proceso que exige su cumplimiento en todas las actuaciones judiciales y administrativas, tal como lo establece el artículo 49 de la Constitución.

En tal sentido, y como se ha dicho en el Capítulo I de este trabajo, es obligatorio para la Administración pública garantizar todos los elementos que determinan el cumplimiento del debido proceso: el derecho a la defensa y asistencia jurídica; derecho a ser notificado; derecho a la presunción de inocencia, derecho a ser oído; derecho al juez natural; derecho a no ser obligado a confesarse culpable; prohibición de sanción sin ley previa; derecho a la cosa juzgada.

No se discute la posibilidad de que el Servicio Nacional de Contratista, en el ejercicio de su función administrativa de control, sancione a los contratistas que han violado la ley o sus obligaciones contractuales siempre que, en la ejecución de tal control, se produzca un procedimiento sancionatorio que permita garantizarle al particular la oportunidad de alegar las razones o justificaciones del incumplimiento, en caso de que lo haya habido; o por el contrario, demostrar que el incumplimiento ha sido producto de omisiones o actuaciones del ente u órgano contratante.

No puede, en consecuencia, justificarse la ausencia de procedimiento para la aplicación de otras sanciones (suspensión e inhabilitación) por parte de un órgano distinto con el razonamiento de que se ha garantizado el debido proceso por ante el ente contratante, toda vez que las motivaciones y defensas que pudiera proponer el contratista en el curso de ese procedimiento están dirigidas a impedir la rescisión unilateral del contrato y la imposición de la multa, alegando que no ha incumplido con el contrato o que el incumplimiento del mismo no le es imputable; de manera que tales alegatos del contratista no están dirigidos a impedir que se le suspenda o inhabilite del Registro Nacional de Contratistas, en cuyo caso otras serían las defensas.

En efecto, el contratista una vez sancionado por el incumplimiento del contrato y ante la posibilidad de que se le suspenda o inhabilite del Registro Nacional de Contratista, dirigirá sus alegatos a convencer al órgano que el incumplimiento que se le imputa y su gravedad no son relevantes y a demostrar cuál ha sido su trayectoria como contratista a los fines de evitar la suspensión e inhabilitación, cuyos efectos se producen en el ámbito al ejercicio de su derecho a la libertad.

Por lo tanto, sí debe reconocerse el derecho a la defensa del particular previo a la imposición de la suspensión e inhabilitación por parte del Servicio Nacional de Contratistas y, en consecuencia, sí es necesario que se produzca un nuevo procedimiento que le permita al sancionado la oportunidad de alegar y probar a su favor.

Así lo había entendido siempre el legislador.

En efecto, desde la Ley de Licitaciones de 1999 y las reformas ulteriores excluida la del 2008, la imposición de la sanción de suspensión debía hacerse de conformidad con los procedimientos administrativos correspondientes, es decir, aplicándose la Ley Orgánica de Procedimientos Administrativos y, por tanto, a través de la sustanciación de un procedimiento administrativo que garantizara el derecho a la defensa.

iv. *Del intento de subsanar la violación del debido proceso mediante la promulgación del Decreto Ley de Contrataciones Públicas del año 2014*

Hay que reconocer que con la promulgación del Decreto Ley de Contrataciones Públicas de 2014, se hace un esfuerzo importante para rescatar la garantía del debido proceso y el derecho a la defensa de los contratistas ante la potestad sancionadora del Servicio Nacional del Contratista[137].

En efecto, el *ejecutivo-legislador* mediante esta reforma reconoce la violación del artículo 49 constitucional cuando en su

---

[137] *Vid.* Miguel Ángel Torrealba: "La rescisión unilateral del contrato público y el debido proceso en la reciente reforma de la Ley de Contrataciones Públicas y sus contradicciones con la jurisprudencia venezolana", *Ob. cit.,* pp. 9 y 10.

artículo 168 establece un procedimiento para la aplicación de la sanción de suspensión e inhabilitación del contratista que hubiere sido sancionado por el ente u órgano contratante.

Así, se establece en el artículo citado que una vez que el Servicio Nacional de Contratistas reciba el informe con la sanción impuesta al particular, deberá abrir un procedimiento que será notificado a los fines de que, en un lapso de cinco (5) días hábiles, alegue lo que considere pertinente en cuanto a la aplicación de la sanción accesoria de inhabilitación.

Agrega, además, el Decreto Ley de Contrataciones vigente que en dicho procedimiento no se discuten las causas que motivaron la decisión del órgano u ente contratante sino la conveniencia o no de la aplicación de la sanción de inhabilitación.

Se elimina en consecuencia la sanción de "plano" que había sido prevista en la Ley derogada del año 2008, defendida de manera reiterada por la jurisprudencia de la Sala Política Administrativa, y se restablece la garantía del derecho a la defensa de los contratistas.

La pregunta que cabría hacer es si el tiempo de cinco (5) días hábiles es suficiente para sustanciar un procedimiento destinado a impedir al contratista de manera grave el ejercicio de su libertad económica; creemos que no y que el lapso ha debido ser más amplio para otorgarle la posibilidad de alegar y defenderse apropiadamente.

v.   De la violación de algunos principios que rigen la regulación e imposición de sanciones

Por otra parte, es importante resaltar que algunas de las causales para la imposición de la sanción de *suspensión* del contratista del Registro Nacional de Contratistas, previstas en el artículo 168 del Decreto Ley de Contrataciones, son violatorias de los principios que rigen la regulación e imposición de las sanciones.

Así, por ejemplo, el artículo 168.4 dispone que dicha suspensión procederá cuando el particular retire su oferta durante la vigencia del procedimiento de selección de contratistas, ello viola el ejercicio a su libertad de empresa pues se le pretende sancionar cuando constate que no le es factible económicamente continuar en el mismo. Ello por cuanto:

> Las condiciones de una empresa pueden variar. Es completamente válido desde un punto de vista económico que el contratista considere que su realidad económica financiera no es la misma que tenía al momento de iniciar el procedimiento de adjudicación del contrato público o, incluso al momento de suscribir el contrato. Luego, se sancionaría a una empresa por un hecho que esta no tiene en sus manos, como lo es la realidad económica del momento[138].

Es decir, que por razones que podrían no depender del contratista se le imputa un hecho sancionable sin tener culpa o dolo, lo cual atenta contra el principio de culpabilidad que rige las sanciones administrativas[139].

En relación con la sanción de *inhabilitación* prevista en el mismo artículo 168, y que deberá ser impuesta por el Servicio Nacional de Contrataciones como consecuencia de la suspensión del contratista en los términos ya señalados *supra*, se considera que la misma, tal y como está planteada, es inconstitucional no sólo porque afecta el derecho constitucional de los sujetos a constituir sociedades comerciales que tengan como objeto contratar con el Estado, sino que además no está limitada en el tiempo, previéndose como una sanción perpetua, lo cual es contrario absolutamente a nuestro ordenamiento jurídico sancionador[140].

4. Estudio de la jurisprudencia

Como ya se ha dicho, el Decreto Ley de Contrataciones Públicas de 2008 vigente hasta el año 2014 previó la imposición de

---

[138] Manuel Rojas Pérez: "Control fiscal y régimen sancionatorio en la Ley de Contrataciones Públicas", en *Ley de Contrataciones Públicas. Colección Textos legislativos* N° 44 (2da Edición actualizada y aumentada). Editorial Jurídica Venezolana. Caracas 2009, p. 305.

[139] *Ibídem*, p. 205.

[140] *Ibídem*, p. 307.

sanciones de "plano", permitiéndole al Servicio Nacional de Contrataciones la posibilidad de suspender e inhabilitar de manera inmediata y sin procedimiento previo alguno, a los contratistas que hubieren sido sancionados por el ente contratante y hubieren tenido un informe de evaluación y desempeño negativo.

Como consecuencia de la imposición de estas multas y, por tanto, de la aplicación de las sanciones de suspensión e inhabilitación, muchos fueron los recursos de impugnación que los particulares ejercieron por ante la jurisdicción contencioso administrativa alegando la violación de los derechos al debido proceso, a la defensa y el derecho a la presunción de inocencia, por parte del Servicio Nacional de Contratistas.

La totalidad de las decisiones resueltas por la Sala Política Administrativa a las cuales se ha tenido acceso, señalan de manera unánime y uniforme, que la disposición legal 139 de la Ley de Contrataciones de 2008, le da competencia al Servicio Nacional de Contrataciones de imponer la suspensión e inhabilitación sin necesidad de sustanciar un procedimiento previo, por cuanto se trata de la aplicación de una sanción *accesoria* y *objetiva* que es consecuencia de un procedimiento sancionatorio que lleva a cabo el ente u órgano contratante, en el transcurso del cual, el contratista habría tenido la oportunidad de ejercer cabalmente su derecho a la defensa.

En tal sentido, por ejemplo, en la sentencia N° 01229 de la Sala Política Administrativa de fecha 24 de octubre de 2012, niega el amparo solicitado por Dragas y Caminos Dracaminca, C.A., quien había solicitado la suspensión de los efectos de la Resolución N° SNC/DG/OAJ-2011-1074 dictada por la Directora General del Servicio Nacional de Contrataciones, en la cual se la suspendía del Registro Nacional de Contratistas por haber ejecutado los trabajos en desacuerdo con el contrato haciéndole imposible cumplir con la ejecución en el término señalado, tal y como había quedado demostrado en el procedimiento que, para tal efecto, había realizado el ente contratante.

Los razonamientos que hace la mencionada Sala en torno al artículo 139 de la Ley de Contrataciones de 2008, son los siguientes:

Cabe destacar que en el prenombrado artículo 139 de la Ley de Contrataciones Públicas establece, que una vez que se compruebe un incumplimiento contractual por parte del contratista, el ente contratante deberá sustanciar el expediente respectivo para remitirlo al Servicio Nacional de Contratistas a los fines de la suspensión en el Registro, lo que demuestra para la Sala que la sanción de suspensión en este caso es de carácter accesoria y objetiva cuya imposición tiene lugar con posterioridad al procedimiento que origina la rescisión del contrato.

En consecuencia, esta Sala actuando en sede constitucional y sin pretender prejuzgar sobre el fondo del asunto debatido, advierte que no existe evidencia en autos de las violaciones alegadas por la parte accionante, toda vez que, se insiste la suspensión que se cuestiona se produce como consecuencia del procedimiento de rescisión del contrato de obra que culminó con la Resolución 2011-002-001 antes descrita, la cual no alega la parte actora haber impugnado[141].

Esta tesis esgrimida por la Sala Política Administrativa ha sido reiterada en las decisiones que han resuelto la denuncia de la violación de los derechos constitucionales del debido proceso y de la defensa, con ocasión de la aplicación del artículo 139 de la Ley de Contrataciones de 2008.

En tal sentido, las sentencias N° 1295 de fecha 30 de octubre de 2012; N° 0889 del 24 de enero de 2013; N° 1871 del 24 de abril de 2013; N° 1229 del 13 de agosto de 2014; N° 1437 del 23 de octubre de 2014; N° 01228 del 8 de noviembre de 2017; y la N° 01297 del 30 de noviembre de 2017, repiten exactamente el mismo párrafo transcrito, sin razonamiento jurídico alguno, por lo que no merece hacer referencia expresa al contenido de cada una de ellas.

Revisadas como han sido las diversas reformas al régimen jurídico de contrataciones públicas en relación a la previsión de sanciones y a la configuración de los procedimientos sanciona-

---

[141] Página Web del Tribunal Supremo de Justicia. www.tsj.gob.ve, consultada el 04 de marzo de 2016.

torios y la jurisprudencia de la Sala Político Administrativa del Tribunal Supremo de Justicia se constata, al igual que con la Ley de Aeronáutica Civil, una clara intención por parte de los poderes públicos de debilitar el debido proceso y el derecho a la defensa de los ciudadanos ante la potestad sancionadora de la Administración pública, creando situaciones de clara indefensión y de inseguridad jurídica para los particulares que se vinculan contractualmente con aquella.

Se abordará de seguidas, cómo ha sido el tratamiento legislativo y jurisprudencial de la potestad sancionadora en el régimen jurídico de control de precios, última normativa que se ha resuelto estudiar a los fines de comprender cómo el Estado venezolano a través de sus Poderes ha cumplido o no con la obligación constitucional de garantizar el derecho humano al debido proceso y a la defensa.

IV. LA POTESTAD SANCIONADORA Y EL DERECHO A LA DEFENSA EN EL RÉGIMEN JURÍDICO DE CONTROL DE PRECIOS

1. *Introducción*

El régimen jurídico de control de precios ha tenido como objeto atribuir competencias a la Administración pública para que determine el valor de bienes y productos considerados de primera necesidad a fin de proteger, de la arbitrariedad y las distorsiones del libre mercado, a los consumidores y estos puedan acceder a aquellos.

Este régimen es una de las expresiones de la idea según la cual el Estado, como Estado social, debe intervenir en la economía para garantizar a los ciudadanos igualdad de oportunidades en el acceso de ciertos bienes de consumo esencial[142].

---

[142] En este sentido véase, entre otros, a Sebastián Martín Retortillo: *Derecho Administrativo Económico*. Tomos I y II. Editorial La ley. Madrid, 1991. José Ignacio Hernández: "Libertad de empresa, soberanía de los consumidores y Ley Orgánica de Precios Justos",

Independientemente de si se está o no de acuerdo con esta tesis y con la postura política que la sustenta, lo cierto es que el Estado venezolano desde la Constitución de 1961 ha sido un Estado interventor al cual se le han otorgado importantes potestades dirigidas a controlar el mercado y limitar el ejercicio de las actividades económicas de los particulares.

La regulación de precios en Venezuela ha tenido una muy larga tradición[143].

---

en la *Ley de Costos y Precios Justos*. Colección Textos Legislativos Nº 53. Editorial Jurídica Venezolana. Caracas, 2012. Carlos García Soto: "Introducción a la Evolución Histórica del Control de Precios en el Ordenamiento Jurídico venezolano", en la *Ley de Costos y Precios Justos*. Colección Textos Legislativos Nº 53. Editorial Jurídica Venezolana. Caracas, 2012. Alejandro Gallotti: "Ámbito y derecho de los consumidores y usuarios bajo la nueva Ley de las personas en el acceso de bienes y servicios", en *Comentarios a la Ley para la Defensa de las personas en el acceso a los bienes y servicios (LEDEPABIS)*. FUNEDA. Caracas, 2009. Rodrigo Moncho Stefani: "Comentarios sobre la inconstitucionalidad de la Ley de Costos y Precios Justos", en http://www.ulpia-no.org.ve/revistas/bases /artic/texto/ADPUB-MONTEAVILA/5/ADPUB_2012_5_219-242. pdf; Carlos Reverón Boulton: "Notas sobre la Ley Orgánica de Precios Justos", en *Revista Electrónica de Derecho Administrativo Venezolano* Nº 3/2014. http://redav.com.ve/wp-content/uploads /2014/12/Notas-sobre-la-ley-orgánica-de-precios-justos.pdf. Consultados el 12/10/2016.

[143] A los fines de entender la evolución del control de precios se recomienda la lectura del muy interesante y muy completo artículo de Carlos García Soto: "Introducción a la Evolución Histórica del Control de Precios en el Ordenamiento Jurídico venezolano", en la *Ley de Costos y Precios, Colección Textos Legislativos Nº 53*. Editorial Jurídica Venezolana. Caracas, 2012. En tal sentido, nos dice el señalado autor que: "Corresponderá al *Decreto de 1 de octubre de 1941* ser la primera norma en el ordenamiento jurídico venezolano en la cual se establece de un modo general un sistema de control de precios, a través de la declaratoria de artículos como de primera necesidad; la creación del órgano competente en materia de control de precios con sus competencias; los criterios para la fijación de precios, como la técnica más importante de control de precios, y un régimen sancionatorio." *Ob. cit.*, p. 20.

Su inicio lo podemos situar en los años cuarenta, durante la Segunda Guerra Mundial, cuando emanaron las primeras resoluciones de control de precios sobre bienes y servicios, hasta hoy día en la que rige el *Decreto Ley de Precios Justos* de 2015.

Este Decreto Ley amplía y profundiza radicalmente el sistema de control de precios por cuanto sus premisas no son las del Estado social de derecho, sino las que rigen una concepción socialista del Estado cuyo fin último es la implementación del comunismo[144].

---

[144] La voluntad política de implementar un Estado socialista no solamente se encuentra claramente expresada en las exposiciones de motivos y en el contenido de muchas de las leyes dictadas en los últimos 10 años, sino también en el Programa de Gobierno presentado por el presidente Hugo Chávez para la gestión Bolivariana socialista 2013-2019. En este programa es manifiesta la idea de instaurar un Estado Socialista cuando se reitera de forma constante que lo que se pretende con la irrupción de este nuevo modelo de Estado social y democrático de derecho y de justicia es la instauración de un modelo de Estado distinto, un modelo alternativo socialista; modelo este que no sólo es distinto al previsto en nuestra Carta Magna sino que también es incompatible con la voluntad expresada en su texto, por cuanto la Constitución venezolana rechaza desde sus fundamentos y a lo largo de todas sus disposiciones, condicionar la vida y organización social, política, económica y jurídica del país a una ideología única específica, como sí lo hace el modelo de Estado Socialista. En efecto, la idea central del programa del fallecido Hugo Chávez fue (y sigue siendo para el gobierno actual), precisamente, la de instaurar de manera definitiva el socialismo: "para poder avanzar hacia el socialismo necesitamos de un poder popular capaz de desarticular las tramas de opresión, explotación y dominación que subsisten en la sociedad venezolana. Y con tal objetivo es necesario pulverizar completamente la forma de Estado burguesa que heredamos, la que aún se reproduce a través de sus viejas y nefastas prácticas, y darle continuidad a la intervención de nuevas formas de gestión política". Para poder implementar el socialismo, entonces, se hace indispensable según dicho Plan que la sociedad organizada (a través de los consejos comunales y otros mecanismos del Estado comunal), los funcionarios públicos, los medios de comunicación

aprehendan los valores y la ética socialista, los cuales deben ser transmitidos a través de todos los medios de los que dispone el Estado. En los referidos términos lo dispone el programa de gobierno al afirmar que, para materializar el Estado Socialista, entre otras actividades, es necesario: i) "Diseñar, junto a las organizaciones de base del Poder Popular, un plan específico para el desarrollo legislativo y práctico de todos los artículos constitucionales que le reconocen al pueblo el ejercicio de la democracia directa", ii) "Planificar y ejecutar la transferencia de competencias a las Comunas, consejos comunales, mesas técnicas de servicios, a los movimientos de pobladores, pueblos indígenas, a los consejos de trabajadores y trabajadoras, de motorizados y motorizadas, de estudiantes, en materia de vivienda, deportes, cultura, programas sociales, ambiente, mantenimiento de áreas industriales, mantenimiento y conservación de áreas urbanas, prevención y protección comunal, construcción de obras y prestación de servicios públicos, entre otros", iii) "Establecer políticas de estímulo y reconocimiento a los servidores públicos y líderes populares y sociales que desarrollen el ejercicio de sus funciones en el marco de los valores que comportan la ética socialista", y iv) "Fortalecer el uso de los medios de comunicación como instrumento de formación para la transición al socialismo, potenciando los valores ciudadanos, así como el uso responsable y crítico de los medios de comunicación. En esta tarea, se hace indispensable fomentar la investigación sobre la comunicación como proceso humano y herramienta de transformación y construcción social". Por otra parte, resulta interesante transcribir qué significado ha tenido para el chavismo la felicidad que es uno de los fines fundamentales que se pretenden con la implementación del Estado socialista. Según el Manual de Ética Socialista Bolivariana, la felicidad a la que deberíamos propender los venezolanos a través del Socialismo es la que se define a continuación:

"El concepto de felicidad no puede examinarse fuera de su unidad con las condiciones político-sociales y económicas en que vivan las personas. La felicidad se plantea a partir de la satisfacción plena de las necesidades fundamentales del ser humano concreto y no como algo limitado, fugaz o casual, como se la percibe en la sociedad basada en la propiedad privada y en la explotación, que la hace depender de lo meramente material. El concepto de felicidad debe ser analizado en el contexto de las condiciones de realización plena de lo humano, en el contexto de las condiciones de las necesidades humanas, materiales y espirituales legítimas.

La felicidad en el socialismo es la vida misma, la audacia creadora, los logros personales y colectivos, la lucha por el bien común, por la autodeterminación social. Es el sentimiento del bienestar moral, del deber cumplido honradamente frente a la sociedad; es el sentimiento de la identificación personal con el ser colectivo como constructor del socialismo.

Al revolucionario le produce felicidad el trabajo creador en aras del socialismo, en busca de la felicidad de todos, del pueblo y de los pueblos.

Uno de los rasgos característicos del concepto de felicidad propio de los revolucionarios que luchan por la sociedad socialista es el hecho de que cada cual ve su felicidad personal como parte y como consecuencia de la felicidad adquirida por todo el pueblo, sin la cual no podrá existir la plena felicidad individual.

La felicidad no cae del cielo, pues debe lucharse por ella. En el socialismo todo el que quiere construir su felicidad individual debe ser el artífice, el constructor de la felicidad de todo el pueblo, y cuando sea un forjador de la felicidad de todos, con más fuerza lo será de su felicidad, y viceversa, pues es un proceso de retroalimentación.

En el ascenso al socialismo, una vez resuelta y asegurada la solución a las necesidades fundamentales del ser humano de manera digna y satisfactoria, se le plantean nuevas y más elevadas necesidades que tienden a completar y a enriquecer el desarrollo de la personalidad espiritual de todos, mediante la conciencia de que nuestro trabajo es útil y necesario para que con la acción creadora de todos alcancemos para toda la sociedad los niveles cada día mayores de la verdadera riqueza.

Cuando se trabaja para un proyecto socialista, se parte de una afirmación constructiva: el anhelo de dicha entre iguales y la igualdad de derechos universales. Tal igualdad produce la felicidad social, enriqueciendo la de cada individuo. La categoría de felicidad se concibe en el contexto de las condiciones de realización plena de lo humano, de satisfacción de las necesidades materiales y espirituales legítimas. La felicidad es el fundamento firme de la existencia, razón y finalidad de la vida." *Manual de Ética Socialista Bolivariana.* Colectivo Gramsci. Diciembre 2010, pp. 59 y ss. http://www.mpcomunas.gob.ve/manual-de-etica-socialista-bolivariana/. Consultado el 22/2/2016.

El *Decreto Ley de Precios Justos* vigente (2015), como está concebido en la actualidad, se promulga por primera vez en el año 2011 y tiene dos características que lo identifican:

a) reúne en un solo texto todas las materias que hasta esa fecha habían sido reguladas en distintas normas, tales como las relativas a la protección del consumidor; la previsión de los comportamientos ilícitos tanto administrativos como penales de los actores económicos; y, el sistema de control de precios de bienes y servicios; además,

b) amplía radicalmente el control estatal sobre los precios de los bienes y servicios, debido a que las políticas económicas en el periodo que se estudia han estado dirigidas a estatalizarlas, reduciendo las libertades económicas de los particulares[145].

---

[145] Al respecto, nos dice García Soto que: "En el año 2011 se iniciará una etapa de significativa ampliación del ámbito del sistema de control de precios, con ocasión de la *Ley de Costos y Precios Justos* y el *Reglamento Parcial sobre la Superintendencia Nacional de Costos y Precios y el Sistema Nacional Integrado de Administración y Control de Precios*. La amplitud del ámbito del sistema de control de precios que se deriva de la *Ley de Costos y Precios Justos* y el *Reglamento Parcial sobre la Superintendencia Nacional de Costos y Precios y el Sistema Nacional Integrado de Administración y Control de Precios* sólo puede compararse, en la evolución histórica que aquí se ha intentado, con lo que en su momento significó la centralización del sistema de control de precios en la Comisión Nacional de Abastecimiento operada a través del *Decreto N° 176 de 15 de agosto de* 1944; o la ampliación del ámbito del sistema de control de precios en cuanto a las modificaciones de precios de bienes y servicios no declarados de primera necesidad que se desprendía de la *Resolución N° 3.303 de 19 de agosto de 1981 del Ministerio de* Fomento; o la ampliación del ámbito del sistema de control de precios en cuanto a los bienes y servicios objeto del sistema derivada del *Decreto N° 1971 de 18 de abril de* 1983, o la reordenación y ampliación del sistema de control de precios con ocasión del *Decreto N° 1717 de 31 de agosto de 1987*.

Pero téngase en cuenta otro aspecto, íntimamente relacionado. Si se quiere, la amplitud que la *Ley de Costos y Precios Justos y el Reglamento Parcial sobre la Superintendencia Nacional de Costos y Pre-*

Debido a la ampliación del control estatal en la determinación de los precios de los bienes y servicios, el objeto de los Decretos Leyes de Precios Justos que se dictaron a partir del año 2011, ha sido el de determinar los precios justos de todos los bienes y servicios, prescindiendo si son o no de primera necesidad; analizar las estructuras de costos; fijar un porcentaje máximo de las ganancias; y fiscalizar todas las actividades económicas que se lleven a cabo en el país, salvo las excluidas expresamente.

Desde 1999 las normas dictadas en materia de regulación de precios y protección de los consumidores que anteceden el actual *Decreto Ley de Precios Justos* son las siguientes:

- El *Decreto N° 2.304 de 6 de febrero de 2003*[146] dictado por cuanto "las circunstancias económicas imperantes en el país, han obligado al Ejecutivo Nacional a implementar medidas temporales relativas al régimen cambiario, lo cual presionará los precios de bienes y servicios, pudiendo originar alzas indebidas y arbitrarias de los mismos, en evidente perjuicio de los consumidores" y, en tal sen-

---

cios y el Sistema Nacional Integrado de Administración y Control de Precios implican para el sistema de control de precios no se corresponde con lo que había sido la evolución más o menos reciente de ese sistema de control de precios en el ordenamiento jurídico venezolano.

Sólo en 1987 podemos encontrar una ordenación del sistema de control de precios con una amplitud relativamente similar. Como ha quedado visto, desde 1992, cuando se dicta la *Ley de Protección al Consumidor* que deroga a la *Ley de Protección al Consumidor* entonces vigente (1974), el sistema de control de precios no había sufrido mayores modificaciones. Por ello, sin duda, en la evolución reseñada, la *Ley de Costos y Precios Justos* y el *Reglamento Parcial sobre la Superintendencia Nacional de Costos y Precios y el Sistema Nacional Integrado de Administración y Control de Precios* vendrán a ser una manifestación de políticas económicas, al menos, distintas a las de los lustros anteriores". Carlos García Soto: "Introducción a la Evolución Histórica del Control de Precios en el Ordenamiento Jurídico venezolano". *Ob. cit.*, pp. 65-66.

[146] Gaceta Oficial N° 37.626 de 6 de febrero de 2003.

tido, declara el artículo 1 cuáles son los bienes y servicios de primera necesidad; y en el artículo 2 otorga competencia al Ministerio de Producción y Comercio para la fijación del precio máximo de venta al público de tales bienes y servicios, a través de la correspondiente resolución.

- La *Ley de Protección al Consumidor y Usuario del 2004*[147] que deroga la *Ley de Protección al Consumidor y al Usuario*[148] de 1995, y cuyo objeto era la defensa, protección y salvaguarda de los derechos e intereses de los consumidores y usuarios, su organización, educación, información y orientación así como establecer los ilícitos administrativos y penales y los procedimientos para el resarcimiento de los daños sufridos ocasionados por los proveedores de bienes y servicios; para lo cual ampliaba las sanciones que afectaban los derechos de los consumidores y usuarios (artículo 1).

- La *Ley Especial de Defensa Popular contra el Acaparamiento, la Especulación, el Boicot* publicada en el año 2007[149] y reformada en el 2008, que pretendió establecer las acciones o mecanismos de defensa del pueblo contra el acaparamiento, la especulación, el boicot y cualquier otra conducta que afecte el consumo de los alimentos o productos sometidos a control de precios, y regular su aplicación por el Ejecutivo Nacional con la participación de los Consejos Comunales. Esta ley, estuvo dirigida a determinar un sistema sancionatorio aplicable a las conductas indicadas como delitos económicos (acaparamiento, especulación, boicot o cualquier otra) que afectaran el consumo de alimentos o productos sometidos al control de precios

- La *Ley para la Defensa de las Personas en el Acceso a Bienes y Servicios del 2008*[150], que deroga la *Ley de Protección al Con-*

---

[147] Gaceta Oficial N° 37.930 de 4 de mayo de 2004.

[148] Gaceta Oficial N° 4.898 Extraordinario de 13 de diciembre de 1995.

[149] Gaceta Oficial N° 38.629 del 21 de febrero de 2007.

[150] Gaceta Oficial N° 38.862 del 31 de julio de 2008. La Ley para la Defensa de las personas en el Acceso a Bienes y Servicios fue sancionada inicialmente en mayo de 2008, sustituyendo y derogando

sumidor y Usuario del 2004 y la *Ley especial de Defensa Popular contra el Acaparamiento y la Especulación del 2008*. El objeto de esta ley se amplió con respecto a la Ley del 2004, al establecer la defensa, protección, salvaguarda de los derechos individuales y colectivos del acceso a las personas de los bienes y servicios y prever las sanciones e ilícitos

---

dos leyes precedentes que fueron, la Ley de Protección al Consumidor y al Usuario, cuya última reforma había sido de 2004, y la Ley Especial para la Defensa Popular contra el Acaparamiento, la Especulación, el Boicot y cualquier otra conducta que afecte el Consumo de los Alimentos o Productos sometidos a control de precios de 2007. En dicha Ley de 2008 se incorporó una norma contenida en su artículo 5 destinado exclusivamente a regular los bienes y servicios "de primera necesidad", que se definieron como "aquellos que por esenciales e indispensables para la población, atienden al derecho a la vida y a la seguridad del Estado, determinados expresamente mediante Decreto por el Presidente de la República en Consejo de Ministros". Y sólo respecto de dichos bienes "de primera necesidad", en la norma se estableció, por una parte, la potestad del Ejecutivo Nacional de poder dictar medidas necesarias de carácter excepcional para garantizar el bienestar de la población, destinadas a evitar el alza indebida de precios, acaparamiento y boicot de productos o servicios declarados de primera necesidad o establecer reducciones en los precios de tales bienes; y por la otra, la declaratoria de utilidad pública e interés social de todos los bienes necesarios para desarrollar las actividades de producción, fabricación, importación, acopio, transporte, distribución y comercialización de alimentos, bienes y servicios de primera necesidad. Esta última declaratoria de utilidad pública e interés social, por supuesto, no tendría nada de extraño, si no es que en el mismo artículo destinado a regular los "bienes y servicios de primera necesidad", la misma norma, en su último párrafo, agregaba que "el Ejecutivo Nacional podrá iniciar la expropiación de los bienes pertenecientes a los sujetos sometidos a la aplicación de la Ley, sin que medie para ello declaratoria previa de utilidad pública o interés social por parte de la Asamblea". Para conocer sobre esta ley se puede consultar los Comentarios realizado por Alejandro Gallotti, Andrés Linares Benzo, Annabella Rivas Gozaine, Giovanni Rionero, Miguel Rivero Betancourt, José Gregorio Torrealba a la *Ley para la Defensa de las Personas en el Acceso a los Bienes y Servicios* (LEDEPABÍS). FUNEDA. Caracas 2009.

administrativos, procedimientos, delitos y penas, así como el resarcimiento del daño sufrido.

Una de las diferencias con relación a la *Ley de Protección al Consumidor y Usuario* del 2004, es que incluyó los ilícitos económicos que impedían o limitaban el acceso a los bienes declarados o no de primera necesidad, tales como el acaparamiento, el boicot y la especulación.

Su texto va a ser reformado en dos oportunidades, en el año 2009[151] y en el 2010[152].

Como se dijo, la primera normativa de precios justos se promulgó mediante el *Decreto con Rango, Valor y Fuerza de Ley de Costos y Precios Justos* de 2011[153], el cual fue objeto de las siguientes reformas: en enero del 2014, cuando se dicta el *Decreto con Rango, Valor y Fuerza de Ley Orgánica de Precios Justos*[154]; en noviembre del mismo año, y, por último, doce meses después, cuando se publica el *Decreto con Rango, Valor y Fuerza de Ley Orgánica de Precios Justos de noviembre de 2015*[155].

2. *Principales hitos normativos en la evolución legal de los procedimientos sancionatorios previstos en las diversas reformas del Decreto Ley de Precios Justos*

   A. *De los procedimientos previstos en el Decreto Ley de Costos y Precios Justos*

El régimen jurídico de Precios Justos prevé dos procedimientos: 1) el de inspección y fiscalización; y, 2) el procedimiento sancionatorio, ambos de aplicación preferente a cualquier

---

[151] Reforma de la Ley para la Defensa de las Personas en el Acceso a los Bienes y Servicio, Gaceta Oficial N° 39.165 de 24 de abril de 2009.

[152] Ley para la Defensa de las Personas en el Acceso a los Bienes y Servicios Gaceta Oficial N° 39.358 de 1 de febrero de 2010.

[153] Gaceta Oficial N° 39.715 del 18 de julio de 2011.

[154] Gaceta Oficial N° 40.340 de 23 de enero de 2014.

[155] Gaceta Oficial N° 6.202 Extraordinario del 8 de noviembre de 2015.

otro procedimiento, los cuales deben cumplir con los principios de publicidad; dirección e impulso de oficio; primacía de la realidad, libertad probatoria; lealtad y probidad procesal; y, notificación única[156].

Así, el Capítulo IV se titula "*De los procedimientos para la determinación del cumplimiento del Presente Decreto con Rango y Fuerza de Ley*", y se divide en dos secciones. La primera de ellas, "*De la Inspección y Fiscalización en Materia de Precios y Márgenes de Ganancia*"; y, la segunda sección, "*Del procedimiento administrativo sancionatorio*".

Es necesario adelantar, aunque se explicará más adelante, que consideramos que la norma de manera errónea prevé dos procedimientos separados y los denomina diversamente, cuando debía haberse previsto uno solo, siendo que el llamado procedimiento de inspección y fiscalización de la normativa de Precios Justos debió haberse entendido como una de las fases, previa o posterior, del procedimiento sancionatorio.

Sin embargo, el legislador les dio un tratamiento distinto al nominarlos y regularlos separadamente aun cuando ambos están dirigidos a determinar el incumplimiento de la norma y la imposición de sanciones, separación que ha traído consecuencias en relación a la violación del derecho a la defensa.

Seguidamente, se describirán ambos procedimientos denominándolos como lo ha hecho el régimen jurídico de precios justos desde el año 2011, pero partiendo de la premisa de que los dos han debido ser tratados como fases de un mismo y único procedimiento sancionatorio y que el ejecutivo ha debido regularlos de manera unitaria intitulando el Capítulo IV así:

---

[156] Sobre estos principios *vid.* los artículos de Allan Randolph Brewer- Carías: "Algo sobre los principios del procedimiento administrativo establecido en la Ley de Costos y Precios Justos" y de Maria Giovanna Mascetti: "El régimen sancionatorio contenido en Ley Orgánica de Costos y Precios Justos", en *Ley de Costos y Precios Justos*. Colección Textos Legislativos N° 53. Editorial Jurídica Venezolana. Caracas, 2012.

"Del procedimiento sancionatorio para la determinación del cumplimiento del presente Decreto con Rango, Valor y Fuerza de Ley".

a. Decreto con Rango, Valor y Fuerza de Ley de Costos y Precios Justos de 2011

a'. *Del procedimiento de inspección y fiscalización*

i. *Inicio del procedimiento*

El procedimiento de inspección y fiscalización podía iniciarse de oficio o bien con fundamento en una denuncia, mediante un acta en la que se debían especificar las circunstancias que le daban origen y debía ser notificado personalmente a la persona interesada. Sin embargo, si aquella no se encontraba presente, la notificación también se entendía válida aun cuando se hiciera a una persona distinta del interesado, es decir, "a la persona que se encontrare a cargo del inmueble o bien mueble objeto de inspección o fiscalización, ya sea en carácter de representante, encargado, administrador, gerente, director o mandatario" (artículo 55).

Agregaba, además, el dispositivo que la imposibilidad de la notificación no impedía la continuación del procedimiento.

ii. *Sustanciación del procedimiento*

Notificado o no al interesado, el funcionario competente debía ejecutar todas las actuaciones necesarias para determinar a) si había habido incumplimiento de los deberes impuestos en el Decreto Ley; b) los responsables; c) el grado de responsabilidad; y, de ser procedente, e) el daño causado (artículo 57).

El funcionario tenía que levantar un acta que debía ser suscrita por él y por la persona presente en la inspección (cualquiera que ella fuese), en cuyo texto se tenía que dejar constancia del lugar, fecha y hora en que la misma se verificara, con la descripción de los bienes o documentos sobre los cuales recaía; identificación de la persona natural o jurídica propietaria, poseedora u ocupante por cualquier título de los bienes objeto de inspección o fiscalización; identificación del sujeto responsable; narración de los hechos y circunstancias verificadas, con especial mención de aquellos elementos que presuponían la existencia de infracciones de la Ley, si los había; señalamiento de testigos que hubieren presenciado la inspección (artículo 58).

Si el funcionario determinaba que había incumplimientos, podía imponer las medidas preventivas previstas en el artículo 66 del Decreto Ley, las cuales eran sustanciadas en un cuaderno separado anexo al expediente principal.

Contra la imposición de las medidas cautelares, los interesados afectados podían oponerse en un lapso de cinco (5) días hábiles contados a partir de su declaratoria o ejecución de la medida, oposición que debía ser decidida en un plazo de cinco (5) días hábiles siguientes, contados a partir del día siguiente al que se hubiera introducido la solicitud de oposición (artículo 63).

iii. Terminación del procedimiento

Si de la inspección y fiscalización el funcionario constataba que no había incumplimientos, se terminaba la investigación mediante un acta en la cual se señalaba dicha conclusión.

Si, por el contrario, el funcionario consideraba la existencia de incumplimientos, además de decidir la imposición de medidas preventivas, debía levantar un acta en la que señalara la concurrencia de los hechos que presumieran la violación de la ley y la debía remitir al funcionario competente para que este ordenara la apertura del procedimiento sancionatorio.

b'. *Del procedimiento sancionatorio*

i. *Inicio del procedimiento*

Recibida el acta de terminación del procedimiento de inspección y fiscalización señalándose la supuesta comisión de alguno de los ilícitos contenidos en el *Decreto Ley de Costos y Precios Justos*, el funcionario competente daba inicio al procedimiento sancionatorio (artículo 65) y notificaba de su apertura a "las personas a que hubiere lugar", con el objeto de que ejercieran su derecho a la defensa dentro de un plazo no menor de ocho (8) días ni mayor de quince (15), contados a partir de la fecha en la que hubieren sido notificados (artículo 65).

Nótese que el Decreto Ley no regula el tiempo que el funcionario tenía para hacer la notificación correspondiente del inicio del procedimiento sancionatorio al administrado, habiéndose producido de manera previa un procedimiento de inspección y fiscalización en el que podía habérsele impuesto medidas preventivas de carácter sancionatorio, lo cual viola el derecho a la defensa pues se condicionaba a la discrecionalidad del referido funcionario la oportunidad para que el administrado ejerciera sus descargos y defensas.

ii. Sustanciación del procedimiento

Notificado del inicio del procedimiento sancionatorio, el órgano competente establecía, en un lapso de tres (3) días hábiles siguientes a la notificación, el día y la hora para que se realizara la audiencia de descargos, la cual debía ser fijada dentro de un plazo no menor de cinco (5) días ni mayor de doce (12) días hábiles siguientes al vencimiento del plazo anterior (artículo 67).

En la audiencia de descargos, si el presunto infractor reconocía los hechos, se le imponía las sanciones correspondientes y se levantaba un acta que ponía fin al procedimiento (artículo 69); en caso de que reconociera alguno de los hechos, o bien los rechazara todos, se abría un lapso probatorio de diez (10) días hábiles, prorrogables por veinte (20) días más, en los cuales se promovían, admitían y evacuarían las pruebas (artículo 70 y 71).

En cualquier grado y estado del procedimiento, el funcionario competente podía imponer nuevas medidas preventivas, levantarlas o modificarlas (artículo 73).

iii. Terminación del procedimiento

Finalizado el lapso probatorio, el órgano que conocía del asunto tendría un tiempo de diez (10) días hábiles prorrogables por diez (10) días más (artículo 74), para tomar una decisión que debía ser expresada en un acto conclusivo (artículo 75), cuyo contenido tenía que ser notificado, de acuerdo a lo prescrito en la Ley Orgánica de Procedimientos Administrativos.

Contra la decisión emanada de la Superintendencia de Costos y Precios Justos, se podía ejercer el recurso jerárquico dentro de los quince (15) días hábiles siguientes a la notificación del acto conclusivo, cuando la decisión no hubiere sido dictada por la máxima autoridad del órgano competente; igualmente, se podían ejercer los recursos contencioso administrativos, de acuerdo a los establecido en las normas de procedimientos administrativos (artículo 80).

b. *Decreto con Rango, Valor y Fuerza de Ley Orgánica de Precios Justos de enero 2014*[157]

a'. *Del procedimiento de inspección y fiscalización*

En relación a este procedimiento, la reforma de enero del 2014 no modifica sustancialmente sus fases, pero se produce una ampliación en cuanto a los sujetos a los cuales se puede notificar el inicio del mismo por cuanto dicha notificación puede hacerse en alguno de los responsables o representantes de los sujetos de aplicación de esta Ley (artículo 35).

b'. *Del procedimiento sancionatorio*

Con respecto al procedimiento sancionatorio se observan las siguientes modificaciones.

i. *Inicio del procedimiento*

A diferencia del Decreto Ley que deroga, el Decreto Ley de Precios Justos de enero de 2014 omite toda referencia a los principios que lo deben regir.

En cuanto al inicio del procedimiento sancionatorio, se observa que en el Decreto Ley del 2011 era obligatoria la apertura de mismo como consecuencia del desarrollo previo del procedimiento de inspección y fiscalización en el que se hubiere determinado la presunción de la comisión de hechos contrarios a la normativa y se hubieren impuesto medidas preventivas.

Con la reforma del Decreto Ley se dispone en el artículo 69 que solamente se abrirá el procedimiento sancionatorio si el sujeto al que se le había impuesto la sanción en el procedimiento de inspección y fiscalización manifiesta su inconformidad con la misma.

---

[157] Gaceta Oficial N° 40.340 de 23 de enero de 2014.

Así, expresa el artículo 69 de la Ley que: "**Artículo 69.**
Cuando el sujeto de esta Ley manifieste inconformidad con **la
sanción impuesta**, podrá solicitar la aplicación del procedimiento administrativo establecido en el presente Capítulo, debiendo, la funcionaria o funcionario competente ordenar su
apertura" (resaltado nuestro).

Se observa cómo a través de esta disposición, el *ejecutivo-
legislador* reconocía que el procedimiento de inspección y fiscalización se concibió en realidad como un procedimiento sancionatorio, dirigido a decidir a través de indicios y sin que el administrado pudiera ejercer su derecho a la defensa, su culpabilidad.

ii. Sustanciación del procedimiento

Hecha la notificación de la apertura del procedimiento
administrativo a aquellas personas *"a que hubiere lugar"*, la persona interesada tendrá un plazo de cinco (5) días hábiles para
efectuar su derecho a la defensa (artículo 71), plazo que fue
considerablemente reducido con respecto a la ley del 2011 que
disponía que la audiencia de descargos debía fijarse dentro de
los tres días hábiles siguientes a la notificación, en un plazo no
mejor a cinco (5) días hábiles ni mayor a doce (12) días hábiles.

En la audiencia de descargos, si el presunto infractor reconoce los hechos, se le impondrán las sanciones correspondientes y se levantará un acta que pondrá fin al procedimiento (artículo 73); en caso de que reconozca alguno de los hechos, o
bien los rechace todos, se abrirá un lapso probatorio de cinco (5)
días hábiles, prorrogables por diez (10) días más, en los cuales
se promoverán, admitirán y evacuarán las pruebas (artículo 75),
reduciéndose considerablemente también, con respecto a la ley
del 2011 en esta fase del procedimiento, el número de días para
promover y evacuar las pruebas.

En cualquier grado y estado del procedimiento el funcionario
competente podría imponer nuevas medidas preventivas, levantarlas o modificarlas (artículo 77).

iii. *Terminación del procedimiento*

Finalizado el lapso probatorio, el órgano que conocía del asunto tendría un tiempo de diez (10) días hábiles prorrogables por diez (10) días más (artículo 78), para tomar una decisión que debía ser expresada en un acto conclusivo (artículo 79), el cual aunque se exige su notificación, la ley no estableció el tiempo para ello, ni tampoco los recursos que podía ejercer el administrado contra las decisiones de la Superintendencia Nacional para la Defensa de los Derechos Socioeconómicos (SUNDDE), como sí lo expresaba la normativa del 2011.

<blockquote>

c. *Decreto con Rango, Valor y Fuerza de Ley de Reforma Parcial del Decreto con Rango, Valor y Fuerza de Ley Orgánica de Precios Justos de noviembre de 2014*

</blockquote>

La única reforma sustancial en materia procedimental es la referida a que las medidas preventivas podrán imponerse tanto en el procedimiento de inspección o fiscalización como en el procedimiento sancionatorio.

<blockquote>

d. *Decreto con Rango, Valor y Fuerza de Ley Orgánica de Precios Justos noviembre de 2015*

</blockquote>

En relación a los pasos y tiempos previstos para el desarrollo de los procedimientos de inspección y fiscalización y el sancionatorio, no hay modificaciones importantes con respecto a lo que estableció la normativa del 2014, por lo que tales procedimientos permanecen iguales a los previstos en dicho Decreto Ley con las irregularidades señaladas en materia de la garantía del derecho a la defensa y de la regulación de la potestad sancionadora de la Superintendencia Nacional para la Defensa de los Derechos Socioeconómicos (SUNDDE).

La sola modificación es que se elimina la previsión según la cual la apertura del procedimiento sancionatorio era opcional y se iniciaba únicamente si el afectado manifestaba su inconformidad con la sanción impuesta en el procedimiento de inspección.

3. *El régimen jurídico de control de precios y sus consecuencias en materia de derecho a la defensa*

El régimen jurídico de control de precios previsto a partir del Decreto Ley de Control y Precios Justos del año 2011, reformado tres veces en un período de cinco años, ha sido objeto de múltiples críticas y ha generado un profundo y constante rechazo tanto de los juristas como de los diversos sectores de la economía que se han visto gravemente afectados por su promulgación, debido a la cantidad de vicios de inconstitucionalidad de los cuales adolece[158].

En las siguientes líneas abordaremos aquellos aspectos y características de este régimen jurídico que, a nuestro entender, afectan gravemente el derecho al debido proceso y a la defensa de los administrados con relación a los términos dentro de los

---

[158] Carlos García Soto: "Introducción a la Evolución Histórica del Control de Precios en el Ordenamiento Jurídico venezolano", *Ob. cit.* Rodrigo Moncho Stefani: "Comentarios sobre la inconstitucionalidad de la Ley de Costos y Precios Justos", *Ob. cit.;* Domingo Piscitelli: "Notas sobre la Reforma a la Ley Orgánica de Precios Justos del 19 de noviembre de 2014" en *Revista Electrónica de Derecho Administrativo Venezolano* N° 5/2015. http://redav.com.ve/wp-content/uploads/2015/09/Domingo-Piscitelli.pdf. Rodrigo Motta: "Ejecución de sanciones y medidas preventivas en el Decreto con Rango, Valor y Fuerza de Ley Orgánica de Precios justos", en *Anuario de Especialización de Derecho Administrativo de la Universidad Central de Venezuela*, 2016; publicación realizada por el Centro para la Integración y el Derecho Público (CIDEP) en alianza con el Centro de Estudios de Postgrado de la Facultad de Ciencias Jurídicas y Políticas de la Universidad Central de Venezuela. Coordinación: Armando Rodríguez García, Antonio Silva Aranguren, Gabriel Sira Santana, CIDEP, 2017. http://cidep.com.ve/libros-digitales.html. Carlos Reverón Boulton: "Notas sobre la Ley Orgánica de Precios Justos", en *Revista Electrónica de Derecho Administrativo Venezolano* N° 3/2014. http://redav.com.ve/wp-content/uploads/2014/12/Notas-sobre-la-ley-orgá-nica-de-precios-justos.pdf. José Ignacio Hernández: "Libertad de empresa, soberanía de los consumidores y Ley Orgánica de Precios justos", en *Ley de Costos y Precios Justos*. Colección Textos Legislativos N° 53. Editorial Jurídica Venezolana. Caracas, 2012.

cuales se regula la potestad sancionadora del órgano llamado a aplicar la normativa de Precios Justos.

i.   Los conceptos jurídicos indeterminados y la consecuente discrecionalidad del ejercicio de la potestad sancionadora

El régimen jurídico de control de precios está plagado de frases y términos amplios tales como "calidad revolucionaria", "condiciones morales y éticas revolucionarias bolivarianas", "precios justos", "desarrollo armónico y estable de la economía", "criterios justos de intercambio", "equitativo", "alcanzar la mayor suma de felicidad posible", "proteger al pueblo", "razonable", "políticas de gobierno de calle", expresiones que están directamente vinculadas y condicionadas a la visión subjetiva de quien está llamado a interpretarlas y aplicarlas; su contenido está subordinado a la propia definición de lo que para cada quien es la "felicidad", la "justicia", la "equidad", lo "razonable", lo "justo"; palabras abiertas que han servido en la práctica y en el caso concreto de este régimen jurídico, para llenarlas de los más variados contenidos, en las que cabe cualquier versión y que han sido utilizadas, precisamente, para justificar todo tipo de acción desde la más loable hasta la más arbitraria.

Estos términos han sido definidos por la doctrina como *conceptos jurídicos indeterminados*, en los que el legislativo prevé un supuesto de hecho a través de conceptos abstractos que solamente pueden ser llenados de significado y contenido cuando se presenta el caso concreto, es decir, no pueden ser delimitados *a priori* sino que se van determinando en cada caso[159].

---

159   *Cfr.* Allan Brewer-Carías. *La técnica de los conceptos jurídicos indeterminados como mecanismo de control judicial de la actividad administrativa.* http://www.allanbrewercarias.com/Content/449725d9-f1cb-474b8ab241efb849fea8/Content/II,%204,%20491.%20Conceptos%20jur%C3%ADdicos%20indeterminados[1]%20%2016-02-05.pdf. Consultado el 22/10/2016. Eduardo García de Enterría y Tomás Ramón: *Curso de Derecho Administrativo.* Cívitas, Madrid, España, 2003. Eduardo García de Enterría: "La lucha contra las

Para que no sea arbitraria y subjetiva, la previsión y justificación de este tipo de conceptos en los ordenamientos jurídicos de los Estados constitucionales está sujeta a que su interpretación se someta necesariamente a ciertos principios y valores claramente establecidos: los que fundamentan el Estado social y democrático de derecho y de justicia que prevé nuestra Constitución.

Así, el principio de garantía, protección y respeto de los derechos fundamentales de todos los ciudadanos; el debido proceso y, por tanto, del derecho a la defensa; la seguridad jurídica; la igualdad; la proporcionalidad; entre otros, son los parámetros dentro de los cuales tales conceptos jurídicos indeterminados deben ser entendidos, interpretados y aplicados.

En el caso concreto del régimen que se estudia, lo criticable no es solo el exceso en el uso de este tipo de conceptos -que por cierto deberían utilizarse de manera excepcionalísima-, sino que los mismos son interpretados y aplicados por la SUNDDE a la luz del modelo de Estado socialista, comunal o de justicia, que es el modelo que el ejecutivo ha impuesto inconstitucionalmente a partir del 2007, cuando los ciudadanos rechazaron los términos de reforma constitucional propuestos por el ejecutivo dirigidos a sustituir el Estado social y democrático de derecho por el Estado comunal.

De manera que los conceptos jurídicos indeterminados de la normativa de Precios Justos tienen como referencia la materialización de un Estado socialista, comunal y de justicia por lo que el órgano llamado a aplicar el Decreto Ley, en el ejercicio de las

---

inmunidades de poder en el Derecho Administrativo" (poderes discrecionales, poderes de gobierno, poderes normativos), *RAP*, N° 38, 1962. Agustín Gordillo: *Tratado de Derecho Administrativo*. Fundación de Derecho Administrativo. Buenos Aires, Argentina, 2003. Fernando Sainz Moreno: *Conceptos Jurídicos, interpretación y discrecionalidad administrativa*, Madrid, 1976. José Peña Solís: *Manual de Derecho Administrativo. Adaptado a la Constitución de 1999 y a la Ley Orgánica de Administración Pública de 2001*. Volúmenes I y II. Colección de Estudios Jurídicos, N° 5. Tribunal Supremo de Justicia. Caracas, 2002.

potestades de control y sancionadoras que le atribuye la norma ha implementado, en su propia definición de tales conceptos, una economía socialista a través de la intervención profunda en la misma y mediante la eliminación de los derechos económicos de los particulares, contrariándose abiertamente nuestra Carta Magna que, al consagrar una economía mixta de mercado, excluye absolutamente un sistema económico socialista[160].

Asimismo, la abundante previsión normativa de tales conceptos otorga a la Administración pública un margen tan amplio para la interpretación de cómo deben entenderse aquellos, que los límites de la actuación discrecional se difuminan debilitándose claramente el principio de legalidad y otorgándole un poder al órgano de control que va más allá de los principios que rigen la actuación y la potestad sancionadora en un Estado social y democrático de derecho.

ii. *De la amplitud en la regulación de la potestad sancionadora de la Superintendencia Nacional para la Defensa de los Derechos Socioeconómicos*

Además de la abundante previsión de conceptos jurídicos indeterminados, el régimen jurídico de precios justos desde su origen ha previsto una serie de normas en las que deja abierta la definición posterior de cuáles pueden ser las competencias y actuaciones del órgano llamado a aplicarlo.

Estas disposiciones abiertas son violatorias de uno de los principios constitutivos del Estado social y democrático de derecho, como lo es el principio de legalidad administrativa que impone, como se ha expresado en el Capítulo I, que la actuación y las atribuciones de la Administración pública deben estar previamente delimitadas en la norma que la crea, para erradicar la posibilidad y la tentación de que el funcionario actúe arbitrariamente en el ejercicio de la función administrativa.

---

[160] Se recomienda la lectura de José Ignacio Hernández G., *Reflexiones sobre la Constitución y el modelo socioeconómico en Venezuela,* FUNEDA, 2008 y del mismo autor "Libertad de empresa, soberanía de los consumidores y Ley Orgánica de Precios justos".

Así, por ejemplo, el Decreto Ley de Precios Justos expresa en su artículo 3 cuáles son los fines que persigue, enumera una larga lista de los mismos y, al final, establece que la ley podrá estar dirigida a lograr "cualquier otro fin que determine el Ejecutivo Nacional"; o, el artículo 14 que contempla las funciones de inspección y fiscalización de la Superintendencia para la Protección de los Derechos Socioeconómicos, en cuyo ordinal 10 se señala que la referida Superintendencia podrá crear "las demás acciones que le sean requeridas" para la aplicación del Decreto Ley[161].

Con la previsión de estas normas abiertas se da luz verde al Ejecutivo para que pueda introducir nuevos fines al Decreto Ley; o a la Superintendencia para que se auto atribuya más competencias en el ejercicio de su potestad controladora.

Si bien sorprende la vocación arbitraria del Decreto Ley de Precios Justos, la misma cobra un coherente sentido puesto que lo que se pretende es otorgarle a la Administración pública el mayor margen de actuación en el ámbito económico, precisamente para reducir el ejercicio de las libertades económicas, eliminarlas progresivamente, a fin de que el Estado Socialista, Comunal o de Justicia asuma la dirección y control de todos los medios de producción.

iii.   De la errónea regulación en la sistematización y denominación del procedimiento sancionatorio previsto en el régimen jurídico de precios justos

Como se tuvo ocasión de señalar en el Capítulo I, el procedimiento sancionatorio se concibe para determinar la violación de las normas de derecho administrativo de la persona que se investiga y, una vez que se le haya garantizado el debido proceso y todos los derechos que lo conforman, aplicarle la sanción que corresponda en caso de que se demuestre, en el transcurso de aquel, la culpabilidad del administrado.

---

[161]   "Artículo 14. En el ejercicio de sus funciones de Inspección y Fiscalización, la Superintendencia Nacional para la Defensa de los Derechos Socioeconómicos, podrá: (...) 10. Las demás que le sean requeridas para la aplicación del presente Decreto con Rango, Valor y Fuerza de Ley Orgánica".

Para que la Administración pública pueda determinar si el ciudadano ha cumplido o no con los deberes que el ordenamiento jurídico le impone, entre las potestades que normalmente tiene atribuida se encuentra la de realizar actuaciones de inspección y fiscalización, la cual tiene como finalidad que el funcionario pueda verificar de manera inmediata, directa y a través de todos sus sentidos (y no solamente mediante la revisión de documentos), los hechos que se están produciendo en el momento de la investigación y constatar si los mismos son o no acordes con la ley[162].

Esta potestad puede realizarse *antes* de la apertura del procedimiento sancionatorio o *durante* el desarrollo del mismo.

Cuando la inspección y fiscalización se realiza de manera *previa* y se constata la apariencia de la violación de los deberes del administrado, el órgano administrativo continuará con el procedimiento sancionatorio. También es factible que este se inicie con o sin inspección previa, y durante el desarrollo de dicho procedimiento el órgano administrativo requiera llevar a cabo actuaciones de inspección y fiscalización.

En ambos casos, sea que la inspección y fiscalización se haga de manera *previa* a la apertura formal del procedimiento sancionatorio, o *durante* la sustanciación del mismo, debe respetarse el derecho a la defensa del administrado, por tanto, al órgano administrativo le está vedado realizar actuaciones o adoptar medidas que violen el referido derecho aun cuando la ley se lo permita.

Es importante aclarar al respecto que no cabe la interpretación según la cual cuando la inspección y la fiscalización se realizan previamente al procedimiento sancionatorio no es necesario garantizar el derecho a la defensa del inspeccionado por

---

162   *Vid.* José Ignacio Hernández: "Introducción General a las inspecciones y fiscalizaciones administrativas", en *Manual de Práctica Forense en inspecciones y procedimientos administrativos especiales*. Colección Práctica Forense N° 2. Editorial Jurídica Venezolana. Caracas 2010, pp. 9 y 10.

cuanto tales actuaciones no forman parte del aquel. Tal razonamiento carece de sentido toda vez que dichas actuaciones previas, producto del ejercicio de la potestad sancionadora de la Administración pública, son causa del procedimiento sancionador y lo integran; de forma tal que es ineludible que se garantice el derecho a la defensa en los términos expresados en el Capítulo I de este trabajo.

Una vez realizada la inspección y fiscalización, el funcionario correspondiente debe levantar un acta de fiscalización que es un acto administrativo declarativo, de juicio, o conocimiento en el cual se plasman los hechos referidos al cumplimiento o no de la norma que el referido funcionario ha podido constatar *in situ*.

Estos actos administrativos no son una decisión resolutoria o definitiva del procedimiento sancionatorio, sino que forman parte de los diversos elementos que tomará en cuenta la Administración pública para tomar una decisión. Las actas de fiscalización o inspección son actos administrativos de trámite, instrumentales, que sirven de fundamento o bien al acto que dará inicio formalmente al procedimiento sancionatorio; o bien al acto administrativo que dará por finalizado dicho procedimiento.

Como ya se mencionó, en la legislación de precios justos se prevén dos procedimientos separados, desvinculados entre sí; uno, llamado de inspección o fiscalización; y, otro, el procedimiento sancionatorio; ambos concebidos como si fueran distintos cuando en realidad, el primero de ellos no es sino una fase (*previa*) del segundo.

Durante el desarrollo del primero de los procedimientos (el de fiscalización e inspección), el órgano administrativo tiene la potestad de imponer medidas preventivas que realmente no son tales sino que, por los efectos que producen en la esfera jurídica del particular, son verdaderas sanciones las cuales pueden ser impuestas, tal y como está regulado dicho procedimiento, sin otorgarle al administrado investigado la posibilidad del ejercer su derecho a la defensa, derecho que solamente se "garantiza", según la normativa que se estudia, con posterioridad, es decir, cuando se inicia el segundo de los procedimientos, que es el que el legislador ha denominado procedimiento sancionatorio.

Concebir la fase de inspección o fiscalización como un procedimiento distinto, separado e independiente del procedimiento sancionatorio en los términos en lo que lo regula el Decreto Ley de Precios Justos, es decididamente inconstitucional por ser violatorio del artículo 49 de la Carta Magna. Ello hace pensar que lo que se ha pretendido con la aludida separación es justificar la ausencia absoluta de garantías para que el administrado pueda ejercer su derecho a la defensa.

La voluntad del *ejecutivo-legislador* de dividir el procedimiento sancionatorio en dos partes, separadas e independientes, se puso en evidencia cuando se produjo la reforma de enero de 2014, en la que señaló que únicamente se abriría el procedimiento sancionador si el interesado **sancionado** por la imposición de las medidas preventivas durante el procedimiento de inspección o fiscalización, lo hubiere solicitado.

Aquí se revela cómo la inspección y fiscalización que debería constituir, se insiste, una de las actuaciones que conforman el procedimiento sancionador, está concebido como un procedimiento distinto dentro del cual es posible la imposición de medidas preventivas de carácter sancionatorio, como lo confiesa la propia norma en la reforma citada, sin que se le dé oportunidad al interesado a ejercer su derecho a la defensa.

iv. De la violación del derecho a la defensa

A. *En relación a la notificación*

Como se ha aludido también en el Capítulo I de este trabajo, una de las garantías constitutivas del debido proceso que consiente el ejercicio del derecho a la defensa es el de la notificación de la apertura del procedimiento al sujeto o sujetos que tienen interés directo en el mismo.

Constituye una obligación de la Administración pública dar a conocer al administrado de manera debida el acto administrativo de trámite que da inicio al procedimiento administrativo sea el de inspección o el sancionatorio, para que aquel sepa las razones de hecho y de derecho que lo han motivado y pueda, en consecuencia, participar en su desarrollo aportando los elementos fácticos y jurídicos que considere oportunos a los fines de su defensa.

Ahora bien, esta garantía fundamental del derecho a la defensa ha sido totalmente relativizada y desvirtuada en cada uno de los decretos leyes de precios justos dictados desde el año 2011.

Así, en el Decreto Ley del 2011, se estableció que la notificación del procedimiento de inspección y fiscalización debía ser hecha a los responsables o interesados, pero, que, si estos no se hallaban presentes, se entendía válida cuando la misma se hiciere en la persona que "se encontrare a cargo del inmueble o bien mueble objeto de inspección o fiscalización, ya sea en carácter de representante, encargado, administrador, gerente, director o mandatario" (artículo 55).

Asimismo, estableció la norma que la imposibilidad de notificar a los interesados o responsables no impedía la ejecución de la inspección o fiscalización.

En las reformas sucesivas, se omitió la validez de la notificación en cualquiera de las personas presentes en el lugar de la inspección, pero se mantuvo la premisa de que la falta de notificación no impedía la continuación del referido procedimiento.

Es decir, aun cuando no se produzca la notificación la inspección será realizada y el funcionario competente podrá decidir, con base a suposiciones e indicios, la supuesta comisión de infracciones por parte del investigado y, por ende, imponer las mal llamadas *medidas preventivas*, impidiéndose así que quien está siendo objeto de la fiscalización pueda en ese mismo acto alegar o aportar pruebas que contradigan las suposiciones o indicios del funcionario, lo que viola claramente el derecho a ejercer su defensa.

B.   *De la previsión de sanciones de "plano"*

    a.   *De la imposición de sanciones de "plano" por el incumplimiento de las formalidades*

De conformidad con el artículo 46 las formalidades que debe cumplir el empresario están referidas a la colaboración que este ha de mantener con la autoridad, es decir: (i) El marcaje de precios de forma impresa, rotulada o inscrita; visible e indeleble en el envase, empaque o envoltorio del bien o producto; (ii) Remarcar el bien o producto con incremento de su precio; (iii) Inscribirse o actualizarse en el Registro Único de Personas que Desarrollan Actividades Económicas; (iv) Colocar avisos o carteles que se exijan en materia de administración cambiaria; (v) Exhibir en lugares visibles al público de los bienes y accesibilidad de los servicios que ofrezcan a la venta, según sus propias publicaciones, promociones u ofertas; (vi) Exhibir el listado de precios de venta al público de los bienes o servicios; (vii) Efectuar promociones, concursos, sorteos o rifas, con la autorización por parte de la Superintendencia Nacional para la Defensa de los Derechos Socioeconómicos; (viii) Presentar las declaraciones exigidas por la Superintendencia Nacional para la Defensa de los Derechos Socioeconómicos; (ix) Permitir el ejercicio de las facultades otorgadas a la Superintendencia Nacional para la Defensa de los Derechos Socioeconómicos; (x) Facilitar los equipos técnicos necesarios, las aplicaciones o sistemas informáticos requeridos por la Superintendencia Nacional para la Defensa de los Derechos Socioeconómicos para la obtención de información; (xi) Mantener incólumes los sellos, precintos o cerraduras colocados por la Superintendencia Nacional para la Defensa de los Derechos Socioeconómicos; (xii) Comparecer en la oportunidad fijada por la Superintendencia Nacional para la Defensa de los Derechos Socioeconómicos.

En caso de que el empresario no cumpla con una o varias de estas formalidades, que serán verificadas durante el procedimiento de inspección (artículo 69), la sanción correspondiente será la del cierre de los almacenes, depósitos o establecimientos de aquel, por un plazo de cuarenta y ocho (48) horas; o la imposición de una multa entre quinientas (500) y diez mil (10.000) Unidades Tributarias (artículo 46).

El artículo 69 dispone que:

Imposición de sanciones por incumplimiento de formalidades

Artículo 69. Si de los hechos y circunstancias objeto de inspección o fiscalización, la funcionaria o el funcionario actuante verifica la existencia de una o más de las infracciones por el incumplimiento de formalidades a que refiere el artículo 46 de este Decreto con Rango, Valor y Fuerza de Ley Orgánica, procederá a imponer las sanciones correspondientes y notificarlas en el mismo acto. Si la sanción consistiere en multa, la notificación se perfeccionará una vez notificada al infractor la respectiva planilla de liquidación emitida por la Superintendencia Nacional para la Defensa de los Derechos Socioeconómicos (SUNDDE).

Quien reincida en las infracciones previstas en este artículo, será sancionado con multa de quince mil (15.000) Unidades Tributarias, sin perjuicio de la sanción de cierre de almacenes, depósitos o establecimientos, hasta por treinta (30) días, atendiendo a la gravedad del incumplimiento, de conformidad con este Decreto con Rango, Valor y Fuerza de Ley Orgánica.

Verificada la existencia de infracciones por incumplimiento de formalidades se procederá a la imposición de la sanción correspondiente en el mismo acto, emitiendo la correspondiente planilla de liquidación cuando la sanción consista en multa, a fin de que la infractora o el infractor proceda a pagar dentro de los tres días (03) continuos, contados a partir de la fecha de la imposición de la misma. En caso de incumplir con el pago, se seguirán los trámites del procedimiento administrativo previsto en este Decreto con Rango, Valor y Fuerza de Ley Orgánica.

Se desprende de esta disposición, la imposición de sanciones (cierre o multa) en el mismo acto de inspección y fiscalización sin que se le dé la oportunidad al empresario o administrado de ejercer su derecho a la defensa; es decir, estamos en presencia de las llamadas sanciones de "plano" a ser impuestas por el incumplimiento de obligaciones formales que, por el hecho de ser denominadas así, no significa que puedan ser constatadas por la autoridad competente sin que se produzca la sustanciación de un procedimiento administrativo y el ejercicio del derecho a la defensa correspondiente.

b. *De la imposición de sanciones de "plano" cuando se dictan las medidas "preventivas"*[163]

Desde la promulgación del *Decreto Ley de Costos y Precios Justos* de 2011 y en todas sus sucesivas reformas, se ha previsto la posibilidad de que el funcionario competente imponga una serie de *medidas preventivas* durante el procedimiento de inspección y fiscalización; competencia que con la última reforma de la normativa también se hizo extensiva para que las mismas se pudieran imponer en cualquier estado y grado del procedimiento sancionatorio.

En tal sentido, el funcionario competente podrá adoptar y ejecutar un conjunto de medidas preventivas si, durante la inspección o fiscalización o en cualquier etapa, fase o grado del procedimiento, **detectare indicios de incumplimiento** de las obligaciones previstas en el *Decreto Ley de Precios Justos* y si existieren elementos **que pudieran presumir** que se puedan causar lesiones graves o de difícil reparación a la colectividad.

Las medidas preventivas son actos de gravamen que puede imponer la Administración pública al sujeto fiscalizado durante el desarrollo del procedimiento sancionador cuando estima que su comportamiento es violatorio de la ley. Están dirigidas, por tanto, a garantizar que la decisión final se cumpla y evitar, debido al tiempo que se requiere para el desarrollo del procedimiento, la continuación de los efectos nocivos del comportamiento que pareciera ser ilegal.

---

[163] Sobre este tema consultar el artículo de Rodrigo Ramos Motta: "Ejecución de sanciones y medidas preventivas en el Decreto con Rango, Valor y Fuerza de Ley Orgánica de Precios justos", en *Anuario de Especialización de Derecho Administrativo de la Universidad Central de Venezuela*, 2016; publicación realizada por el Centro para la Integración y el Derecho Público (CIDEP) en alianza con el Centro de Estudios de Postgrado de la Facultad de Ciencias Jurídicas y Políticas de la Universidad Central de Venezuela. Coordinación: Armando Rodríguez García, Antonio Silva Aranguren, Gabriel Sira Santana, CIDEP, 2017. http://cidep.com.ve/li-bros-digitales.html. Consultado el 12/4/2017.

En tal sentido, estas medidas llamadas también cautelares se caracterizan por ser *instrumentales, provisionales, preventivas* y *procesales*.

Son *instrumentales* por cuanto constituyen una herramienta que busca detener los efectos de la supuesta violación de la norma y asegurar, asimismo, la eficacia de la decisión que pudiera tomarse en caso de que haya elementos de juicio suficientes que permitan concluir que la norma se ha violado[164].

Esta potestad cautelar de la Administración pública no puede ser ejecutada de manera discrecional y arbitraria por lo que, una vez que se ha comprobado el *fumus bonis iuris* y el *periculum in mora*[165], el funcionario competente deberá imponer-

---

[164] "El carácter instrumental de las medidas preventivas salta a la vista al considerar, *exempli gratia*, el artículo 127 numeral 10 del Código Orgánico Tributario en vigor, conforme al cual la Administración, en el marco de un procedimiento de fiscalización, puede «...adoptar las medidas administrativas necesarias para impedir la destrucción, desaparición o alteración de la documentación que se exija conforme las disposiciones de este Código, incluidos los registrados en medios magnéticos o similares, así como de cualquier otro documento de prueba relevante para la determinación de la Administración Tributaria, cuando se encuentre éste en poder del contribuyente, responsables o terceros»". José Antonio Muci Borjas: *Algunas reflexiones en torno al procedimiento administrativo venezolano de ayer y de hoy, en vista de las enseñanzas de la doctrina y jurisprudencia comparadas,* www.muci-abraham. com. Consultado el 15/02/2016.

[165] "El ejercicio de los poderes que la ley le reconoce a la Administración se encuentra condicionada a los dos requisitos de carácter concurrente que condicionan la expedición de medidas de esta naturaleza en el ámbito procesal, a saber, el *fumus bonis iuris* y el *periculum in mora*, porque, primero que nada, la autoridad administrativa debe constatar que existen razones serias y atendibles que le permiten afirmar el suyo es solo un juicio de verosimilitud, una aseveración de carácter preliminar, condicionada por las resultas de la investigación aun en curso que el procedimiento en trámite puede llegar a concluir con un acto que declare la ilicitud de la conducta objeto de la investigación y ordene el cese de la practica prohibida; y, segundo, porque la autoridad debe persua-

las de acuerdo a los principios de *razonabilidad* y *proporcionalidad*[166], justificando suficientemente su decisión y estableciendo la duración de la misma en el tiempo.

La proporcionalidad en la imposición de las medidas preventivas es esencial toda vez que las mismas afectan los derechos del investigado y son resueltas antes de que se determine si este es culpable.

Es por ello que el principio de proporcionalidad adquiere mayor fuerza cuando se está en presencia de la imposición de medidas preventivas y, en tal sentido: "la medida cautelar tiene que ser necesaria e idónea para conseguir su objeto, y congruente con el resultado que se aspira obtener. Este indicador obliga a que la Administración imponga la medida menos gra-

---

dirse que la medida resulta necesaria para evitar daños mayores, danos que pudieran ser irreparables o de difícil reparación por el acto administrativo de efectos particulares definitivo adecuada ponderación y conciliación de los intereses públicos y privados en juego, las medidas administrativas de naturaleza preventiva, por su carácter instrumental, deben estar dirigidas, siempre, a asegurar que el procedimiento pueda cumplir ese rol". *Ibídem*, p. 28.

[166] "Pero hay más: al ejercer poderes cautelares la Administración Pública se halla condicionada, siempre, por los principios de proporcionalidad y favor *libertatis*. Las medidas cautelares dictadas por la Administración Pública deben ser siempre (es intuitivo, de sentido común) proporcionales y razonables. A tales requisitos alude expresamente la Ley de Tierras y Desarrollo Agrario, cuyo artículo 85 dispone que en el marco de un procedimiento administrativo para el rescate de tierras la Administración debe sólo adoptar medidas «...adecuadas y proporcionales al caso concreto». Dicho de otro modo, las facultades, reconocidas a la Administración Pública en virtud de norma de ley expresa, que autorizan la expedición decisiones cautelares o preventivas, sean éstas nominadas o innominadas, deben ser ejercidas con prudencia, y, por tanto, antes de adoptar una decisión de esta naturaleza la Administración se halla en el deber de ponderar adecuadamente las circunstancias del caso". *Ibídem*, p. 29.

vosa entre todas las que puede adoptar, a los fines de causar el menor perjuicio sobre el inculpado"[167].

De ahí que cuando las medidas no responden a estos criterios y son desproporcionadas dejan de tener el carácter preventivo que las justifica y pasan a ser medidas estrictamente sancionatorias lo cual, en el supuesto del procedimiento de inspección y fiscalización del Decreto Ley de Precios Justos, atenta de manera grave el derecho a la defensa al imponerse sanciones antes de que se demuestre la culpabilidad del administrado, es decir, hasta que concluyan cada una de las fases del procedimiento sancionatorio.

Ahora bien, el régimen jurídico de precios justos expresa que con base en *indicios* y *elementos* el funcionario puede decidir la imposición de medidas dirigidas a evitar que se siga causando un daño por cuanto se presume que el sujeto investigado está violando la norma. Tales medidas son:

- el *comiso "preventivo"* de mercancías que implica que las mismas deberán enajenarse con fines sociales y el producto que se recabe de las ventas deberá ser depositado en una cuenta hasta tanto la decisión que ponga fin al procedimiento decida el destino que se le dará al dinero producto de la venta;

- la *ocupación temporal* de los establecimientos o bienes indispensables para el desarrollo de la actividad, la cual podrá ser materializada de manera inmediata en el propio curso del procedimiento de fiscalización o inspección y cuya duración puede ser de 180 días, prorrogables 180 días más[168];

---

[167] José Peñas Solís: *La potestad sancionatoria de la Administración Pública Venezolana. Ob. cit.*, p. 432.

[168] Sobre esta sanción que no medida preventiva, de la ocupación temporal de bienes que atenta contra el derecho de propiedad por no cumplir los procedimientos y garantías previstos en la Ley de Expropiación, se recomienda la lectura del artículo del profesor Allan Brewer Carías: "La ocupación judicial de los bienes expropiados como garantía del derecho de propiedad y la ilegal prácti-

- el *cierre temporal* del establecimiento;

- la *suspensión temporal de las licencias, permisos o autorizaciones* emitidas por la Superintendencia Nacional para la Defensa de los Derechos Socioeconómicos;

- el *ajuste inmediato de los precios de los bienes a comercializar o servicios a prestar*, conforme a los fijados por la Superintendencia Nacional para la Defensa de los Derechos Socioeconómicos;

- *Todas aquellas que sean necesarias para proteger los derechos de las ciudadanas y ciudadanos protegidos por este Decreto con Rango, Valor y Fuerza de Ley Orgánica.*

Se observa que algunas de estas *medidas preventivas* son en realidad verdaderas sanciones por cuanto imponen en el transcurso del procedimiento de inspección la privación, restricción o suspensión de derechos o bienes del sujeto al que se le está fiscalizando, es decir, son comportamientos cuyos efectos en la esfera jurídica del administrado son irreversibles y, por tanto, dejan de ser cautelares.

Efectivamente, las medidas de *comiso preventivo* y *ocupación temporal* por seis (6) meses hasta un (1) año, son sanciones interdictivas en las cuales el mal que se pretende infligir recae sobre la actividad que desarrolla el sujeto aparentemente culpable, por lo que van dirigidas a afectar un bien o a prohibir una actividad como tal.

Así, en el caso del *comiso preventivo* resulta evidente que es una medida irreversible por cuanto una vez que las mercancías son decomisadas y vendidas no podrán volver a ser propiedad del administrado investigado en caso de que la decisión final se declare que no es culpable; ello se traduce en la privación definitiva de la propiedad de unos bienes sin que se le hubiera determinado su culpabilidad.

---

ca de decretar la 'ocupación administrativa' de bienes en procedimientos expropiatorios aplicando la Ley Orgánica de Precios Justos", en *Revista de Derecho Público*, N° 141, (Primer semestre 2015), Editorial Jurídica Venezolana. Caracas 2015, pp. 61-87.

Sobre la medida de comiso, tal y como nos comenta Reverón Boulton[169], la Sala Político Administrativa del Tribunal Supremo de Justicia, mediante sentencia N° 201 del 13 de febrero de 2014 (caso: *Moliendas Papelón, S.A.*), estableció que esa medida no violaría las garantías establecidas en los artículos 49 (debido proceso) y 116 (prohibición de ejecutar confiscaciones de bienes) de la Constitución, por cuanto la Sala considera que al tratarse de bienes de primera necesidad, el extinto Instituto para la Defensa de las Personas en el Acceso a los Bienes y servicios (INDEPABIS) tenía la atribución legal para llevar a cabo el comiso.

El razonamiento expuesto por la Sala Político Administrativa es realmente inconsistente. Justificar la norma, es decir, la confiscación de bienes por cuanto los mismos son de *primera necesidad,* cuando dicha calificación es producto de la más absoluta discrecionalidad de la propia Administración pública a la cual el *ejecutivo-legislador* le atribuye la libertad de categorizar los bienes de acuerdo a los criterios técnicos que estime conveniente, demuestra la intención del Máximo Órgano Jurisdiccional de mantener un régimen legal violatorio de la Constitución que somete a los operadores económicos a un control férreo y arbitrario por parte del Ejecutivo.

Finalmente es necesario señalar, como lo afirma Muci, al hacer referencia al comiso como medida preventiva prevista en el Decreto con Rango, Valor y Fuerza de Ley Orgánica de Seguridad y Soberanía Agroalimentaria[170], que:

[...] una medida como la indicada luce como una velada confiscación, prohibida por el Texto Fundamental venezolano, pues a pesar de que el artículo 171 del Decreto-Ley prevé que cuando la Administración hubiere dispuesto de los bienes objeto de comiso, «...el propietario tendrá derecho a ser indemnizado si el acto conclusivo, el recurso administrativo o el re-

---

[169] *Vid.* Carlos Reverón Boulton: "Notas sobre la Ley Orgánica de Precios Justos", en *Revista Electrónica de Derecho Administrativo Venezolano N° 3/2014. Ob. cit.*, p. 167.

[170] Publicada en la Gaceta Oficial N° 5.891 del 31 de julio de 2008.

curso Judicial que declare sin lugar el comiso de tales bienes, quedare definitivamente firme», resulta obligado tener presente, *mutatis mutandis*, que la Sala Político-Administrativa de la Corte Suprema de Justicia, en sentencia del 25 de marzo de 1982, dejó sentado que habida consideración de los graves o serios contratiempos que el particular ha de enfrentar para cobrar -rectius para exigir el reintegro de las sumas de dinero adeudadas por la Administración, los daños que pueden derivarse del pago de una multa -i.e., de acto administrativo sancionador que aun no era firme- son daños de difícil reparación por la definitiva[171].

Pero es que el comiso además de ser una sanción, que no tiene nada de cautelar, es de carácter penal por lo que su determinación y correspondiente imposición debería hacerse en el transcurso de un proceso penal y ser impuesta por un juez penal.

Lo mismo con la medida de *ocupación* y *cierre temporal* de los establecimientos o lugares donde se desarrolla la actividad controlada.

Son medidas cuyos efectos negativos para la esfera jurídica de los particulares son inalterables, no pueden ser modificados, de ahí que constituyen verdaderas sanciones.

Dicho en otras palabras, las llamadas medidas preventivas no son tales porque en realidad carecen del rasgo de la instrumentalidad y son verdaderas sanciones que se imponen sin que se haya realizado un procedimiento previo.

Expresado lo anterior, resulta obvia la conclusión de que el régimen de regulación de precios justos consagra las sanciones de "plano", al otorgarle al funcionario, sobre la base de indicios y en el mismo momento de la inspección o fiscalización, la potestad de imponer medidas preventivas que, por sus efectos, son verdaderas sanciones.

---

[171]   José Antonio Muci Borjas: *Algunas reflexiones en torno al procedimiento administrativo venezolano de ayer y de hoy, en vista de las enseñanzas de la doctrina y jurisprudencia comparadas. Ob. cit.*, p. 31.

La imposición *in situ* de estas medidas, impide el ejercicio del derecho a la defensa y las mismas limitan y eliminan el derecho de propiedad y la libertad de empresa sin que se haya producido un procedimiento en el que se determine con certeza plena que el sujeto investigado ha violado la ley.

Y es que en realidad cuando la SUNDDE, por denuncia u oficio inicia un procedimiento de inspección o fiscalización, parte de la premisa de que el empresario es culpable; efectivamente, el principio de la presunción de inocencia es inexistente en el espíritu de la ley, tal y como lo reflejan las exposiciones de motivos de las distintas normas de control de precios; por eso no debería sorprender la previsión legal de las llamadas sanciones de "plano" violatorias del derecho a la defensa y de las garantías del debido proceso, consagradas en el artículo 49 constitucional[172].

---

[172]   Contra el *Decreto Ley de Costos y Precios Justos* en el año 2011 se interpusieron ante la Sala Constitucional del Tribunal Supremo de Justicia dos recursos de nulidad por inconstitucionalidad, uno ejercido por la Dra. Cecilia Sosa en fecha 11 de octubre de 2011; y, otro, por CONSECOMERCIO el 7 de marzo de 2012. Ambos recursos solicitaron de la Sala Constitucional que declarara la nulidad de la normativa impugnada por cuanto la misma está plagada de múltiples vicios de inconstitucionalidad. Entre tales vicios, se denuncia en ambos escritos el de la violación al derecho a la defensa con respecto consagración de medidas preventivas que son verdaderas sanciones. Así, de acuerdo a lo que señala la propia Sala Constitucional, el primero de los recursos denunció la inconstitucionalidad de los artículos 60, 61, 62, 63, 64, 73 81 y 82 del Decreto Ley de Costos y Precios Justos "(...) no sólo porque se prevé como el mecanismo cautelar de un sistema de fijación de precios de control absoluto que elimina el sistema de mercado que define el régimen socioeconómico de la Nación previsto en el artículo 299 de la Constitución, sino además porque prevé medidas que no tienen carácter cautelar sino que constituyen medidas sancionatorias y se trata de medidas de carácter penal que requieren de la intervención de un juez y de un proceso penal. Así ocurre con las medidas de comiso y la requisición. En efecto, el 'Comiso' no es una medida cautelar sino una pena que consiste en la confiscación de los medios o efectos del delito". En este mismo

C. *Control posterior de las sanciones*

El carácter sancionatorio de las medidas preventivas referidas es declarado por la propia Ley cuando se reforma en enero del 2014. Así, el artículo 69 al regular el inicio del procedimiento sancionatorio señala, que la misma procederá cuando "el sujeto de esta Ley manifieste inconformidad con la sanción impuesta" haciendo referencia, evidentemente, a las sanciones que se hayan podido imponer en el procedimiento de fiscalización o inspección, es decir, a las erróneamente llamadas medidas preventivas.

De lo anterior resulta que el Decreto Ley de Precios Justos estipula el control posterior de la sanción, lo cual es violatorio del artículo 49 constitucional que exige, entre otras garantías, que los ciudadanos tienen derecho a conocer de los cargos que se les imputan antes de imponerles una sanción.

D. *Previsión de una norma en blanco en materia de medidas preventivas*

Pero, además, el artículo que prevé tales sanciones, que no medidas preventivas, consagra también una norma en blanco en materia sancionatoria, violándose el principio de legalidad administrativa cuando el numeral 6 del artículo 70, hace una remisión general al reglamentista para regular la imposición de todas las medidas preventivas "que sean necesarias para proteger los derechos de las ciudadanas y ciudadanos protegidos por este Decreto con Rango, Valor y Fuerza de Ley Orgánica".

---

sentido, de acuerdo al resumen de la propia Sala sobre el escrito interpuesto por CONSECOMERCIO se deriva: "Que, el derecho al debido proceso es violado por los artículos 60, 63 y 73 de la Ley de Costos y Precios Justos, pues, en su entendido, éstos permiten que la Administración adopte verdaderas decisiones de fondo, en el marco de 'medidas instrumentales o provisionales', sin previamente haber sustanciado un debido proceso, con las debidas garantías jurídicas para los interesados, es decir, sin considerar los alegatos y pruebas que se produzcan en el expediente, con lo cual la culpabilidad de los afectados es presumida desde el inicio del trámite".

En efecto, se viola el principio fundamental de legalidad administrativa en materia sancionatoria, y concretamente en la previsión de las medidas preventivas, conformado por el principio de tipicidad y el principio de reserva legal al no señalarse con exactitud, certeza y de manera previa cuáles son las medidas que puede imponer la SUNDEE; y disponer que la Administración pública podrá crear nuevas cuando "sea necesario proteger los derechos de las ciudadanos y ciudadanos".

v. *De la violación de la presunción de inocencia por la previsión de las sanciones de "plano"*

Evidentemente que la violación del derecho a la defensa que se produce con la previsión de las sanciones de "plano" en el sistema de precios justos, va en contra de la presunción de inocencia de quien es objeto del procedimiento de fiscalización e inspección referido.

La imposición de sanciones durante la inspección o fiscalización con base en indicios, y sin darle oportunidad al administrado de aportar pruebas que puedan desvirtuarlos, es considerarlo culpable desde el inicio del procedimiento omitiendo, en la actuación administrativa, el principio de la presunción de inocencia que desaparece al impedirle al investigado desvirtuar la presunción de legalidad de los actos administrativos del funcionario.

Se invierte así la carga de la prueba y se sanciona sobre la base de hechos que objetivamente son violatorios sin haberse determinado, mediante pruebas, la responsabilidad y, por tanto, la culpabilidad del autor.

vi. *De la configuración indeterminada de los delitos y la consecuente violación del principio de legalidad*

Se observa además que, en la última reforma del Decreto Ley de Precios Justos, la configuración de algunos de los hechos considerados como delitos se encuentran definidos de una forma indeterminada y, de tal manera, sujeta a distintas interpretaciones según la persona a la que, eventualmente, le corresponda aplicar la normativa.

Así, por ejemplo, se expresa en el artículo 51 que se está en presencia del delito de *alteración fraudulenta* cuando se perturbe la calidad de los bienes, desmejore la calidad de los servicios o destruya bienes o instrumentos necesarios para la producción o distribución, con la finalidad de hacer daño a la población y de alterar las condiciones de la oferta y la demanda en el mercado nacional.

O al prever el delito de *acaparamiento* en el artículo 52, consistente en restringir la oferta, circulación o distribución de bienes mediante la retención de los mismos con o sin ocultamiento, cuando, en realidad, las razones de tal posesión pudieran ser legales y necesarias.

Igualmente, al configurar el artículo 58 la *usura* se señala que la misma consiste en obtener para sí o para un tercero, mediante un convenio, una prestación notoriamente desproporcionada a la contraprestación que por su parte realiza, sin que se diga el grado de tal desproporción.

Se observa que los elementos para la determinación de los delitos referidos están sujetos a la subjetividad del funcionario llamado a realizar la inspección que debe determinar si lo que observa de manera directa constituye o no alguno de tales delitos.

Así, por ejemplo, en el caso del acaparamiento ¿qué implica retener productos? ¿Cuál es el parámetro para definir dicha situación? ¿En qué medida se puede entender que el comerciante retiene o mantiene un número determinado de mercancía en sus depósitos para ventas futuras?

O en el caso de la usura: ¿quién decide qué es o no desproporcionado? ¿Bajo qué criterios?

Y en el supuesto de la alteración fraudulenta, ¿qué mide y cómo se reconoce el deseo del comerciante de querer cambiar las condiciones de la oferta y la demanda?

Son disposiciones que regulan delitos en términos tan amplios que resulta imposible que el sujeto fiscalizado no se encuentre en alguno ellos si así lo quisiera el funcionario de turno.

Pero es que también tales delitos acarrean gravísimas sanciones: no sólo está prevista la pena de prisión por un número importante de años[173], sino que se prevé la ocupación temporal del inmueble, multas y suspensión del registro único[174].

4. *Estudio de la Jurisprudencia*

i. *De la ausencia de pronunciamiento por parte de la Sala Constitucional en torno a la inconstitucionalidad del Decreto Ley de Precios Justos*

Contra el Decreto Ley de Costos y Precios Justos se interpusieron, el 11 de octubre de 2011 y el 7 de marzo de 2012, ante la Sala Constitucional del Tribunal Supremo de Justicia dos recursos de nulidad por inconstitucionalidad, por ser varias de sus disposiciones violatorias de derechos constitucionales, entre otros, el derecho al debido proceso y el derecho a la defensa.

Hasta el momento en que se derogó el Decreto Ley de Costos y Precios Justos de enero del 2014, la Sala Constitucional no dictó sentencia sobre el fondo de los recursos interpuestos.

ii. *Control posterior de las llamadas "medidas preventivas" impuestas sin procedimiento previo*

Como ya se ha afirmado, uno de los graves vicios de inconstitucionalidad de los que adolece el régimen jurídico de precios justos es el de la violación del derecho a la defensa porque permite la imposición de sanciones de "plano", al prever la imposición de medidas sancionatorias durante el procedimiento de inspección y fiscalización, sin que exista ninguna opción de que el administrado se defienda ante las deducciones y pretensiones que el funcionario perciba subjetivamente *in situ*.

---

173 Prisión entre 5 a 10 años si se trata de alteración fraudulenta; de 8 a 10 años cuando hay acaparamiento; y de 5 a 8 si se determina la usura.

174 Se recomienda la lectura de "Análisis costo beneficio del Decreto con Rango, Fuerza y Valor de Ley Orgánica de Precios Justos" Documento "Promoción del Diálogo Democrático a través del Análisis Legislativo Económico. Cedice. Cipe, febrero 2014, publicado en www.cedice.org.ve. Consultada el 26/04/2016.

La imposición en el procedimiento de fiscalización de las mal llamadas *medidas preventivas*, tiene sus antecedentes en el artículo 112 de Ley Para la Defensa de las Personas en el Acceso a los Bienes y Servicios; el régimen jurídico de precios justos lo que ha hecho es ampliar el número de sanciones a imponerse.

¿Cuál ha sido la posición del Tribunal Supremo de Justicia ante las varias denuncias que los particulares han sostenido en sede jurisdiccional por la previsión de las sanciones de "plano" en materia de control de precios de productos y servicios?

La jurisprudencia reiterada de la Sala Político Administrativa ha expresado que la imposición de las referidas medidas, no viola el derecho a la defensa porque el sujeto al que se le imponen tiene la oportunidad de defenderse en el procedimiento sancionatorio posterior, en el transcurso del cual podrá oponerse a ellas y llevar al expediente sus alegatos y consideraciones.

Asimismo, justifica la Sala la imposición de tales sanciones sin procedimiento previo porque la normativa busca proteger la "seguridad alimentaria" y el "derecho a la vida de la colectividad", derechos colectivos que deben prevalecer ante los derechos individuales y como, en definitiva, hay un control posterior del actuar sancionatorio administrativo, no ha de considerarse que se está en presencia de la violación del derecho a la defensa y al debido proceso.

En tal sentido, la Sala Político Administrativa dictó la sentencia N° 1392 de fecha 4 de diciembre de 2013 (Caso *Nestlé Venezuela, S.A.*, que declara sin lugar un recurso de apelación contra la sentencia N° 2012-2347 dictada por la Corte Segunda de lo Contencioso Administrativo el 15-11-2012), en la que desestimó el recurso de nulidad ejercido contra un acto administrativo dictado por el Instituto Autónomo para la Defensa y Educación del Consumidor y Usuario (INDECU):

[...] Con relación al pretendido falso supuesto de derecho por errónea interpretación del alcance del derecho al debido proceso, por falta de sustanciación de un procedimiento previo para la imposición de la multa, debe esta Sala Político-Administrativa destacar que respecto a dicha garantía los numerales 1, 2 y 3 del artículo 49 de la Constitución de la República Bolivariana de Venezuela establecen lo siguiente:

"Artículo 49.-El debido proceso se aplicará a todas las actuaciones judiciales y administrativas; en consecuencia:

1. La defensa y la asistencia jurídicas son inviolables en todo estado y grado de la investigación y del proceso. Toda persona tiene derecho a ser notificada de los cargos por los cuales se le investiga, de acceder a las pruebas y de disponer del tiempo y de los medios adecuados para ejercer su defensa. Serán nulas las pruebas obtenidas mediante violación del debido proceso. Toda persona declarada culpable tiene derecho a recurrir del fallo, con las excepciones establecidas en esta Constitución y la ley.

2. Toda persona se presume inocente mientras no se pruebe lo contrario.

3. Toda persona tiene derecho a ser oída en cualquier clase de proceso, con las debidas garantías y dentro del plazo razonable determinado legalmente por un tribunal competente, independiente e imparcial establecido con anterioridad. (…).".

La norma supra transcrita prohíbe la actuación arbitraria de los órganos del poder público frente a los ciudadanos, en la producción de sus actos y decisiones, en sede administrativa y jurisdiccional, para garantizar su necesaria participación en todas las fases del proceso.

El derecho al debido proceso, dentro del cual se encuentra el derecho a la defensa, comprende la articulación del proceso legalmente establecido, conocer los cargos objeto de investigación, la posibilidad de acceder al expediente, formular alegatos y exponer defensas y excepciones, derecho a ser oído, obtener una decisión motivada y poder impugnarla, así como ser informado de los recursos pertinentes que puedan interponerse contra el fallo, entre otros derechos que se vienen configurando a través de la jurisprudencia y que se desprenden de la interpretación de la norma supra transcrita. (*Vid.* Sentencia N° 00163, publicada el 4 de febrero de 2009, caso: *Ledis Beatriz Pacheco de Pérez*).

De igual forma, se ha sostenido que la presunción de inocencia consiste en el derecho que tiene toda persona de ser considerada inocente mientras no se pruebe lo contrario, lo cual se concreta en la ineludible existencia de un procedimiento que ofrezca garantías al investigado.

Por su parte, la Sala Constitucional mediante decisión N° 429, del 5 de abril de 2011 (caso: *Pedro Miguel Castillo*), dejó sentado sobre los derechos constitucionales a la defensa y al debido proceso, el criterio que de seguidas se transcribe:

"(…) esta Sala ha señalado reiteradamente que el derecho a la defensa y el debido proceso constituyen garantías inherentes a la persona humana y, en consecuencia, aplicables a cualquier clase de procedimientos. El derecho al debido proceso ha sido entendido como el trámite que permite oír a las partes, de la manera prevista en la Ley, y que ajustado a derecho otorga a las partes el tiempo y los medios adecuados para imponer sus defensas (Sentencia N° 5/2001, del 24 de enero).

Así, el derecho a la defensa debe entenderse como la oportunidad para el encausado o presunto agraviado de que se oigan y analicen oportunamente sus alegatos y pruebas. En consecuencia, existe violación del derecho a la defensa cuando el interesado no conoce el procedimiento que pueda afectarlo, se le impide su participación o el ejercicio de sus derechos, o se le prohíbe realizar actividades probatorias. (Sentencia N° 5/2001, del 24 de enero) (…)".

[…] Ahora bien, mediante sentencia N° 01612, publicada el 29 de noviembre de 2011, esta Sala declaró sin lugar el recurso de nulidad ejercido por la recurrente contra las referidas resoluciones ministeriales; dentro de ese proceso se desvirtuó la denuncia de la accionante sobre la supuesta violación de su derecho al debido proceso. En efecto, alegó la parte actora en esa oportunidad, que la Administración incumplió con la previsión del artículo 203 del Reglamento de la Ley Orgánica de Aduanas (Gaceta Oficial de la República Bolivariana de Venezuela N° 4.273 Extraordinario del 20 de mayo de 1991), negándole la "acción de reclamo" que le permitía recuperar la mercancía en situación de abandono legal, antes de la realización del acto de remate.

[…] Del fallo parcialmente transcrito se deriva que fue cabalmente cumplido el iter procedimental correspondiente para la emisión de los actos que sirvieron de fundamento a la aplicación de la multa que hoy nos ocupa, por tal motivo, mal puede la accionante alegar que fueron lesionados sus derechos a la defensa y al debido proceso.

La sentencia que se cita, continúa expresando que:

Aunado a lo anterior, importa destacar que se imponía en el presente caso la actuación expedita de los funcionarios competentes, toda vez que al tratarse de alimentos perecederos, el retraso de la autoridad administrativa en hacerlos llegar a los consumidores podría haber causado la pérdida o descomposición de los mismos, tomando en consideración además, que ya estaba demorado el curso normal de la cadena de comercialización, según se desprende de los autos; previéndose el control posterior de la multa impuesta, a fin de otorgar la oportunidad a la parte recurrente de exponer sus alegatos y defensas y promover pruebas, en resguardo de los derechos a la defensa y al debido proceso.

Previamente, al decidir casos similares, esta Sala Político-Administrativa declaró que no se lesionaban los derechos a la defensa y al debido proceso, cuando el control de las sanciones impuestas a quienes llevaran a cabo actividades que atentaran contra la seguridad alimentaria y el derecho a la vida de la colectividad, fuese posterior y no previo a la aplicación de la multa.

En efecto, mediante sentencia N° 00763, publicada el 28 de julio de 2010, caso: *Alimentos Polar Comercial, C.A.*, se dejó sentado lo que a continuación se transcribe:

[...] De allí que al no evidenciarse preliminarmente que la recurrente haya demostrado que cumplió con la normativa aplicable y dada la presunción de legalidad de la que goza el acto administrativo impugnado, aunado a que la parte actora tuvo la oportunidad de acudir ante la Administración para alegar las defensas que juzgase oportunas y probar lo que estimase pertinente, precisamente en resguardo del derecho al debido proceso que denuncia violado, a fin de ejercer un control posterior de la actividad sancionatoria del INDECU (...) no surge presunción de buen derecho que asista a la parte recurrente respecto al alegado atropello de su derecho constitucional.

[...] Así, es claro el criterio que ha mantenido esta Sala Político-Administrativa respecto a la validez del control posterior de las sanciones impuestas en aras de garantizar la seguridad alimentaria y el derecho a la vida de la población venezolana, y agrega esta Alzada, más aún cuando las circunstancias así lo requieran dada la naturaleza perecedera y en oportunidades efímera de los bienes de que se trate, que en este caso, asociado a su condición de artículos de primera necesidad sometidos a control de precios, conlleva un contenido social elevadísimo que se traduce en derechos colectivos, frente a los cuales pierden efectividad los individuales.

Tratándose entonces de un fin constitucional del Estado la procura de la seguridad alimentaria de la colectividad, como prescribe el artículo 305 de la Constitución de la República Bolivariana de Venezuela, esta Sala Político-Administrativa del Tribunal Supremo de Justicia debe coadyuvar con su labor jurisdiccional al logro de tal objetivo.

Bajo estas premisas, debe precisarse que de igual modo se respetó el derecho a la presunción de inocencia de la parte actora, toda vez que según quedó demostrado, la actuación de la Administración estuvo ajustada a derecho, por cuanto se siguió el procedimiento correspondiente, otorgando las debidas garantías a la sociedad de comercio accionante.

En este mismo sentido, en la sentencia N° 1039 de fecha 11 de junio de 2014[175], la referida Sala Política Administrativa expresó en torno a retención preventiva de 30 mil kilos de azúcar por Moliendas Papelón, S.A., que:

---

[175] Caso *Moliendas Papelón, S.A. vs. Instituto para la Defensa de las Personas en el Acceso a los Bienes y Servicios (INDEPABIS)*, hoy Superintendencia Nacional para la Defensa de los Derecho Socio Económicos (SUNDDE). Este criterio de la Sala Político Administrativa se ha sostenido de manera reiterada en sucesivas sentencias *vid*, por ejemplo, las N° 01247 del 28 de octubre de 2015; N° 00609 de fecha 14 de junio del 2016; N° 01345 del 1 de diciembre del 2016; www.tsj.gob.ve. Consultada el 1 de febrero de 2018.

La recurrente fundamenta la denuncia de violación de sus derechos a la defensa y al debido proceso porque no se tramitó un procedimiento previo para imponerle la comentada medida de comiso, pero admite que le fue otorgada la posibilidad de oponerse a la misma, y que, en efecto ejerció el derecho enunciado en la oportunidad correspondiente.

Al decidir casos similares, esta Sala Político-Administrativa ha declarado que no se lesionan los derechos a la defensa y al debido proceso, cuando el control de las medidas adoptadas contra quienes llevaran a cabo actividades que atentaran contra la seguridad alimentaria y el derecho a la vida de la colectividad, fuese posterior y no previo a la aplicación de la sanción, o el acuerdo de la medida cautelar.

(...*omissis*...)

De allí que al no evidenciarse preliminarmente que la recurrente haya demostrado que cumplió con la normativa aplicable y dada la presunción de legalidad de la que goza el acto administrativo impugnado, aunado a que la parte actora tuvo la oportunidad de acudir ante la Administración para alegar las defensas que juzgase oportunas y probar lo que estimase pertinente, precisamente en resguardo del derecho al debido proceso que denuncia violado, a fin de ejercer un control posterior de la actividad sancionatoria del INDECU (...) no surge presunción de buen derecho que asista a la parte recurrente respecto al alegado atropello de su derecho constitucional (...). (*sic*). (Destacado de la Sala).

Y, concluye la Sala reiterando su criterio[176] en dicha materia cuando dice:

Es claro el criterio que ha mantenido esta Sala Político-Administrativa respecto a la validez del control posterior de las **sanciones impuestas** en aras de garantizar la seguridad alimentaria y el derecho a la vida de la población venezolana;

---

[176] *Vid.* en tal sentido las Sentencias de la Sala Político Administrativa del Tribunal Supremo de Justicia N° 763 del 28 de julio de 2010 (caso: *Alimentos Polar Comercial, C.A.*); Sentencia N° 01392, publicada el 4 de diciembre de 2013 (caso: *Nestlé Venezuela, S.A.*), respectivamente.

aunado a lo expuesto, fue resaltado recientemente que la actuación expedita de la Administración cobra especial importancia cuando los bienes objeto de la medida sean artículos de primera necesidad sometidos a control de precios, en virtud de que conlleva un contenido social elevadísimo que se traduce en derechos colectivos, frente a los cuales pierden efectividad los individuales; ello aunado al hecho de que la naturaleza perecedera de ciertos productos, como sucede en el caso bajo examen, demanda la mayor diligencia por parte de las autoridades competentes, a fin de que lleguen lo más pronto posible a su destino final, esto es, al consumidor. (*Vid.* Sentencia N° 01392, publicada el 4 de diciembre de 2013, caso: *Nestlé Venezuela, S.A.*).

Tratándose entonces de un fin constitucional del Estado la procura de la seguridad alimentaria de la colectividad, como prescribe el artículo 305 de la Constitución de la República Bolivariana de Venezuela, esta Sala Político-Administrativa del Tribunal Supremo de Justicia debe atender al mandato constitucional contenido en la citada norma, velando por el cumplimiento del objetivo que persigue.

En este orden de ideas, es evidente la improcedencia de la denuncia sobre violación de los derechos a la defensa y al debido proceso de la parte actora, por falta de sustanciación de un procedimiento previo al acuerdo de la medida de comiso. Así se declara.

5. *La Sala Política del Tribunal Supremo de Justicia máximo garante de la arbitrariedad del poder*

Los razonamientos expuestos por la Sala Político Administrativa del Tribunal Supremo de Justicia en las sentencias citadas para justificar las sanciones de "plano" y afirmar, en consecuencia, que mediante la imposición de estas no hay violación del debido proceso y del derecho a la defensa, demuestran cómo el Máximo Órgano Jurisdiccional venezolano, lejos de cumplir con su labor esencial del control de la legalidad y constitucionalidad del ejercicio del poder por parte del Legislador y del Ejecutivo se ha convertido, en coordinación con esos mismos poderes, en un brazo ejecutor de la violación del artículo 49 constitucional.

Con razonamientos inconsistentes y contrarios a toda la teoría que fundamenta tales derechos esenciales en el marco de un Estado de derecho, la aludida Sala para justificar las sanciones de "plano" retoma argumentos superados e injustificables que recuerdan los mismos esgrimidos por las instancias judiciales de los regímenes autoritarios.

i. *La jurisprudencia del Tribunal Supremo de Justicia justifica la emanación de actos administrativos sancionatorios sin la realización del procedimiento administrativo previo*

Una de las falsas afirmaciones de la Sala Político Administrativa del Tribunal Supremo de Justicia, y en las que ha insistido en el transcurso de estos últimos años, es la de señalar que el administrado tiene derecho a recurrir la sanción de "plano" por lo que, a su juicio, no se está en presencia de la violación del artículo 49 constitucional toda vez que, mediante el control posterior de aquella, se le garantizaría cabalmente su derecho a atacarla y a ser oído por el órgano correspondiente quien podrá, una vez interpuesta la acción recursiva, verificar su legalidad o no.

Así, señala de manera reiterada dicha Sala que "Previamente, al decidir casos similares, esta Sala Político-Administrativa declaró que no se lesionaban los derechos a la defensa y al debido proceso, cuando el control de las sanciones impuestas a quienes llevaran a cabo actividades que atentaran contra la seguridad alimentaria y el derecho a la vida de la colectividad, fuese posterior y no previo a la aplicación de la multa"[177].

Asombra cómo la Sala Político Administrativa, de un solo plumazo y sin temblarle el pulso, contradice su propia jurisprudencia y en tres líneas elimina el razonamiento teórico sobre el cual se sustenta el Estado de derecho.

---

[177] Sentencia de la Sala Política Administrativa N° 1392, de fecha 4 de diciembre de 2013. www.tsj.gob.ve. Consultada el 22 de marzo de 2017.

Con estas sentencias, la Sala silencia convenientemente el principio de legalidad administrativa que exige que la imposición de una sanción administrativa debe ser consecuencia del desarrollo de un *procedimiento sancionatorio previamente establecido* en el cual se deben ejecutar una serie de actuaciones procesales para garantizar efectivamente el derecho a la defensa.

Olvida ese Órgano Jurisdiccional que en todo estado y grado del procedimiento sancionatorio y, evidentemente, en la fase de formación del acto sancionatorio es ineludible *notificar* al administrado; darle *acceso al expediente*; que sea *oído*; permitirle *aportar y evacuar* cada una de las *pruebas* que soporten y sustenten sus afirmaciones; que la Administración tome una decisión basada en lo *aportado* y *probado* por quienes han participado en el procedimiento; y, finalmente, que el afectado tenga el *derecho a recurrir* la sanción impuesta cuando no esté conforme con su legalidad o constitucionalidad.

Todas y cada una de estas actuaciones procedimentales, sin exclusión de ninguna de ellas, han de ser permitidas y ejecutadas para que se materialice efectivamente el derecho a la defensa y para que el debido proceso previsto en el artículo 49 de la Constitución sea verdaderamente garantizado.

El razonamiento de la Sala según el cual se garantiza el derecho a la defensa porque se permite *un control posterior* de la sanción impuesta sin procedimiento previo, no es sino un artificio dirigido a sustituir el debido proceso y cada una de las garantías procesales mencionadas con el *derecho a recurrir*; derecho que no es sino una de las varias actuaciones procesales previstas en el artículo 49 constitucional.

En tales términos y dicho brevemente, la Sala reduce el debido proceso y el derecho a la defensa a una sola de sus garantías: el derecho a recurrir de las sanciones impuestas sin procedimiento previo, justificando en tales términos la aberración de las sanciones de "plano".

ii. *Del sofisma según el cual los derechos individuales deben ceder ante los derechos "colectivos"*

Otro de las afirmaciones a las que hace referencia la Sala Político Administrativa para permitir la imposición de sanciones de "plano", es la relativa a que los derechos de las personas deben ceder frente a los "derechos colectivos", entendiendo la Sala que su criterio ha sido el de mantener "la validez del control posterior de las sanciones impuestas en aras de garantizar la seguridad alimentaria y el derecho a la vida de la población venezolana, y agrega esta Alzada, más aún cuando las circunstancias así lo requieran dada la naturaleza perecedera y en oportunidades efímera de los bienes de que se trate, que en este caso, asociado a su condición de artículos de primera necesidad sometidos a control de precios, conlleva un contenido social elevadísimo que se traduce en derechos colectivos, frente a los cuales pierden efectividad los individuales"[178].

La Sala pretende justificar la imposición de sanciones de "plano" mediante la invocación del *principio de la prevalencia del interés general sobre el interés particular* que permite, al juez contencioso administrativo, declarar como válido un acto administrativo contrario a derecho cuando determine que es mejor mantenerlo por cuanto su eliminación del ordenamiento jurídico puede causar un daño superior al interés público que el que podría ocasionar su conservación.

Al respecto hay que hacer las siguientes consideraciones.

Para que el juez contencioso administrativo pueda aplicar el *principio de la prevalencia del interés general sobre el interés particular* está obligado a realizar en su sentencia una serie de razonamientos de los que se deriven claramente la necesidad de mantener la validez de un acto administrativo violatorio de los derechos de un particular.

Es decir, que la sentencia debidamente motivada tiene que determinar cuáles son los intereses en conflicto, a partir de una

[178] *Ibídem.*

ponderación jurídica razonable de los mismos, y concluir, para el caso concreto sometido a su resolución, la exigencia de conservar el acto administrativo inválido por cuanto su eliminación del ordenamiento jurídico generaría un daño mayor que el daño que ocasiona al particular.

El interés general, sobre la base de los valores del Estado social y democrático de derecho, se refiere a la obligación del Estado de actuar para garantizar y proteger las necesidades colectivas de los ciudadanos, con el fin último de procurar que estos tengan las mismas oportunidades y puedan desarrollarse como individuos; ahora bien, esa compleja labor de dar satisfacción al interés general que justifica precisamente la actuación de la Administración pública, debe ser llevada a cabo de conformidad con el ordenamiento jurídico y protegiendo también los derechos fundamentales de cada una de las personas que conforman dicha colectividad[179].

En tal sentido, el concepto de *interés general* al cual está llamado a servir la Administración es un concepto jurídico indeterminado, y como ya se mencionó anteriormente, debe llenarse de contenido en cada caso concreto, es decir, cada vez que el órgano administrativo o jurisdiccional lo alegue para justificar la preeminencia del referido interés frente a la exigencia, también constitucional, de proteger los derechos e intereses de los particulares.

De ahí que el interés general no es un concepto que pueda "invocarse indiscriminadamente, sino que, aceptando las dificultades inherentes a su definición, puede y debe concretarse en

---

[179] *Cfr.* Miguel Ángel Torrealba Sánchez: "Interés general y tutela cautelar en el contencioso administrativo: reseña de una peligrosa tendencia jurisprudencial de la Sala Político-Administrativa del Tribunal Supremo de Justicia", en *Revista Electrónica de Derecho Administrativo Venezolano* N° 2/2014, *Ob. cit.*, pp. 224. https://www.uma.edu.ve/admi-ni/ckfinder/userfiles/files/Derecho%20Público/INTERES%20GENERAL%20Y%20TUTELA%20CAUTELAR%20EN%20EL%20CONTENCIOSO.pdf. Consultado el 12/4/2017.

cada supuesto concreto en que se plantea un conflicto entre el ciudadano y la Administración, de lo contrario pierde su esencia y razón de ser", ya que él es "el resultado de ponderar la trascendencia y utilidad de cada variable presente en esa colisión entre la comunidad política y el particular, conflicto muchas veces innegable salvo en el supuesto de un régimen de democracia ideal perfecta (e irrealizable) o en el de una autocracia en la cual el dictador pretende representar a todos"[180].

Como quiera que el interés general, al cual está llamado a servir la Administración en cada uno de sus actuaciones, no puede invocarse genéricamente y no cabe presumir que su referencia sea siempre válida -precisamente porque su contenido es indeterminado-, es necesario que el juez contencioso administrativo, al ser impelido por el particular afectado como consecuencia de la actuación de la Administración pública, controle si el interés general invocado por aquella tiene sentido; y si hay razones suficientes para que prevalezca sobre el interés particular.

Para ello es indispensable que el órgano jurisdiccional, en cada caso, haga una análisis concreto y pormenorizado del interés general que se pretende proteger y del interés particular afectado y, una vez ponderados los mismos, fundamentándose en un estudio detallado de los hechos y del derecho del caso que se somete a su consideración, decida motivadamente aplicar el *principio de la prevalencia del interés general sobre el interés particular.*

Con relación a este tema se ha afirmado de manera muy clara que:

> El interés general –comenzando por el hecho de que como todo concepto jurídico indeterminado este requiere de una verdadera concreción o determinación para cada caso particular– no puede invocarse de manera ritual o a título de lugar común como pretendida justificación de cualquier actuación de la Administración. Justamente la finalidad de éste es precisamente la contraria, es decir, permitir verificar y contrastar ra-

---

[180]   *Ibídem*, p. 224.

cionalmente si el Poder está persiguiendo el propósito para el cual el ordenamiento jurídico le asigna la potestad. Y ese interés general entonces no es otro que el que se evidenciará del examen del supuesto concreto, así como esa ponderación no podrá tampoco ser otra que el contraste resultante entre las diversas variables presentes en una causa, que en última instancia implicará pronunciarse sobre la afectación del interés de la colectividad frente a los derechos ventilados en el juicio, ardua tarea que, inevitablemente, requiere de un análisis pormenorizado de lo que está en juego en cada causa, así como un compromiso del juez en realizar adecuadamente su delicada misión, muy alejada del uso de lugares comunes para soslayar la realización de tan difícil labor[181].

Lamentablemente, la Sala Política Administrativa en las sentencias referidas está muy lejos de cumplir con lo señalado.

Antes bien, sin hacer ningún tipo de razonamiento jurídico y menos aún sin ponderar los intereses en conflicto a la luz del caso concreto, e invocando al interés general "a título de lugar común como pretendida justificación de cualquier actuación de la Administración", el órgano jurisdiccional, mantiene la validez de actos sancionatorios claramente inconstitucionales mediante simples afirmaciones que recurren a términos ambiguos y vagos que, de tan amplios, no dicen ni definen nada.

Permitir la imposición de sanciones de "plano" porque ello supuestamente permite "garantizar la seguridad alimentaria y el derecho a la vida de la población venezolana"; como si el comiso de bienes perecederos de un comerciante en concreto pudiera asegurar a toda la población su derecho esencial a la vida y al alimento; afirmar que el control posterior de tales sanciones es suficiente y aceptar, en consecuencia, la violación del derecho a la defensa por parte de la Administración mediante la omisión de un procedimiento previo, por cuanto con ello se pretende proteger unos indefinidos "derechos colectivos" que tienen "un contenido social elevadísimo, frente a los cuales pierden efectividad los individuales"; desintegrando el funda-

---

[181] *Ibídem*, p. 237.

mento filosófico y jurídico del derecho a la defensa y la justificación de la potestad sancionadora sobre la cual se construye el Estado de derecho, pone en clara evidencia que la voluntad del referido órgano judicial no es otra que permitir la arbitrariedad y el abuso del Poder.

En efecto, las sentencias hacen mención de manera genérica a un supuesto interés general que debe ser protegido (la seguridad alimentaria y el derecho a la vida de la población), sin explicar en qué consisten para ese caso concreto; ni tomar en cuenta los alegatos de los recurrentes y los vicios que afectarían la validez del acto administrativo; y, mucho menos, sin ponderar los intereses que están en conflicto para finalmente, sin motivación ni razonamiento alguno, decidir y admitir la permanencia en el ordenamiento jurídico venezolano de actos sancionatorios dictados sin la realización del procedimiento previo.

iii. De la errada interpretación del principio de presunción de legalidad del acto sancionatorio

Otra de las afirmaciones falsas que realiza la Sala Político Administrativa para justificar su tesis inconstitucional de la legalidad de las sanciones de "plano", es la de expresar que las mismas se presumen legales. En tal sentido, dispone que:

[...] al no evidenciarse preliminarmente que la recurrente haya demostrado que cumplió con la normativa aplicable y **dada la presunción de legalidad de la que goza el acto administrativo impugnado**, aunado a que la parte actora tuvo la oportunidad de acudir ante la Administración para alegar las defensas que juzgase oportunas y probar lo que estimase pertinente, precisamente en resguardo del derecho al debido proceso que denuncia violado, a fin de ejercer un control posterior de la actividad sancionatoria del INDECU (...) no surge presunción de buen derecho que asista a la parte recurrente respecto al alegado atropello de su derecho constitucional (resaltado nuestro)[182].

---

[182] Sentencia de la Sala Política Administrativa Nº 1392, de fecha 4 de diciembre de 2013. www.tsj.gob.ve. Consultada el 22 de marzo de 2017.

Conviene recordar que la presunción de legalidad del acto administrativo es un principio dirigido a garantizar que la actuación de la Administración pública y la concreción de los fines que tiene atribuidos se produzcan en la realidad; es un principio concebido para que los efectos jurídicos del acto se materialicen, siempre y cuando el mismo no sea impugnado por el sujeto o los sujetos a los cuales va dirigido y se demuestre, en el transcurso del procedimiento correspondiente, que adolece de vicios de inconstitucionalidad o de ilegalidad.

La presunción de legalidad del acto administrativo está dirigido, por tanto, a su ejecución y de modo alguno puede asumirse como un medio para probar que el mismo es válido y legal.

Toda presunción, y la de la legalidad del acto administrativo no es una excepción, puede ser desvirtuada por el administrado interesado, mediante el ejercicio de los recursos administrativos y contencioso administrativos en virtud de los cuales se activan o bien el procedimiento de segundo grado en sede administrativa; o el proceso contencioso administrativo; cauces que permiten justamente ejercer el derecho a la defensa del recurrente y demostrar que el acto objeto de dichos recursos ha sido dictado violando la Constitución y las leyes.

En tal sentido, asumir de manera superficial mencionándolo nada más, como lo hace la Sala Político Administrativa -en el transcurso de un juicio en el cual se duda precisamente de la legalidad y constitucionalidad de un acto sancionatorio-, que el acto administrativo se presume legal es un verdadero contrasentido.

6. *Recapitulación*

En el presente Capítulo se han estudiado los procedimientos sancionatorios previstos en los regímenes legales de aeronáutica civil, contratación pública y precios justos así como el alcance de la potestad sancionadora de los órganos administrativos llamados a ejercer el control de la aplicación de tales normativas, a fin de establecer en qué medida y en qué términos se ha garantizado el derecho a la defensa y el debido proceso de los administrados en la regulación que se hace de los procedimientos sancionatorios.

Se observa que desde 1999, bajo la idea de satisfacer supuestos intereses generales, la tendencia del legislador, habilitando al Ejecutivo para que dicte leyes en todo tipo de materias, ha sido la de debilitar sostenida y progresivamente la protección del derecho a la defensa de los administrados ante la Administración pública y aumentar el poder sancionatorio de esta, desplazando las premisas y principios que rigen esa delicada relación que, en el marco de un Estado social y democrático de derecho, debe buscarse entre el ejercicio del poder y el respeto de los derechos y libertades ciudadanas.

En las normativas estudiadas hay una previsión de procedimientos sancionatorios; sin embargo, los mismos han sido concebidos y estructurados de manera tal que imposibilitan el ejercicio del derecho a la defensa al contemplar la posibilidad de que se sancione a los administrados sin que se haya desarrollado un procedimiento previo en el cual se determine su culpabilidad, es decir, contemplándose claramente las llamadas sanciones de "plano".

La previsión inconstitucional de tales sanciones en las normativas que se han revisado permite que los elementos constitutivos que garantizan el derecho a la defensa y el debido proceso sean claramente afectados y conlleva, asimismo, a un claro desconocimiento de los principios que deben regir tanto la regulación de la potestad sancionadora por parte del *ejecutivolegislador* como la imposición de las sanciones administrativas de los órganos llamados a establecerlas.

Finalmente, cabe destacar que el Tribunal Supremo de Justicia desconociendo su función principal de controlar la legalidad y constitucionalidad de la actuación de los poderes públicos, ha colaborado ampliamente para que las violaciones referidas se hayan concretado, lo que permite afirmar que todo el aparato estatal venezolano se ha volcado a la violación del derecho a la defensa y al debido proceso de los administrados en el ámbito de la potestad sancionadora de la Administración pública.

CONCLUSIONES

La sociedad se dio cuenta efectivamente de que el Estado se había transformado en una fuerza enemiga contra la cual había que defenderse de cualquier manera. Ese 'Estado' –que los comunistas habían fabricado con aplicación y rapidez obstinadas- no era en realidad un verdadero Estado porque no cumplía con la función de aglutinar y cohesionar a la sociedad: todo parecía viscoso y gelatinoso, y nada estaba vertebrado, ni la esfera de poder de la autoridad ni la autoridad misma. Carecían de auténtica validez las leyes y las disposiciones reglamentarias, puesto que la ley sólo puede ser válida cuando también significa protección y no sólo agresión. Sin embargo, los ciudadanos veían que la ley ya no les brindaba protección alguna, sino que se limitaba a dar órdenes y les arrebata lo que era suyo. Así que todos empezaron a vivir en un constante Estado de alerta: trataban de defenderse del Estado como podían, porque estaba claro que en la sociedad el bandidaje se había institucionalizado[183]

---

[183] Sándor Márai: *¡Tierra, Tierra¡* Editorial Narrativa Salamandra. Barcelona 2008, pp. 259 y 260.

1. El Estado y, por tanto, la Administración pública en virtud del principio de legalidad administrativa en el ejercicio de su potestad sancionadora, deben cumplir con una serie de elementos y actuaciones fundamentales a los fines de que se garantice plenamente el derecho humano a la defensa de los particulares previsto en el artículo 49 constitucional, por lo que la imposición de una sanción administrativa ha de ser consecuencia del desarrollo de un *procedimiento sancionatorio previamente establecido* pensado para proteger el referido derecho.

2. Para que la Administración pública, en el ejercicio de su potestad sancionadora, resguarde plenamente el derecho a la defensa y el debido proceso es obligatorio que en el procedimiento sancionatorio se ejecuten una serie de actuaciones procesales:

   a) que el o los administrados interesados conozcan de las actuaciones de la Administración pública, para lo cual deben ser *notificados* de la apertura del procedimiento sancionatorio, a fin de saber las razones de hecho y de derecho que han dado origen al mismo, convirtiéndose la notificación en un elemento fundamental para que el administrado pueda preparar su defensa en el *íter* procedimental correspondiente;

   b) que durante todo el tiempo que dure el procedimiento, el administrado tenga *acceso al expediente* para estar al tanto del contenido de las actuaciones y trámites administrativos, obtener copia de los mismos a fin de fundamentar y razonar de manera adecuada sus alegatos y defensas;

c) que tales alegatos y defensas, necesarios para controvertir o justificar sus actuaciones, sean debidamente *oídos* por la Administración pública. Esto implica que la persona objeto de un procedimiento administrativo sancionatorio pueda *aportar y evacuar* durante el *iter* procedimental cada una de las *pruebas* que le permitan soportar y demostrar sus afirmaciones; y que la Administración pública fundamente la decisión que pone fin al procedimiento sancionatorio en lo *aportado* y *probado* por quienes han participado en el mismo;

d) que tenga la posibilidad de *ejercer los recursos* administrativos y contencioso administrativos correspondientes, cuando no esté conforme con la decisión que afecta su esfera jurídica.

3) En los regímenes normativos de aeronáutica civil, contratación pública y precios justos que se han estudiado se advierte que el legislador (habilitando en la mayoría de los casos al ejecutivo) previó procedimientos sancionatorios concebidos y estructurados de manera tal que impiden el ejercicio del derecho a la defensa, al contemplar la posibilidad de que se sancione a los administrados sin que se haya desarrollado un procedimiento previo en el cual se determine su culpabilidad, por lo que se legaliza una figura que ha sido proscrita en los ordenamientos jurídicos actuales como lo es la sanción de "plano"; figura evidentemente inconstitucional pues elimina los elementos constitutivos que garantizan el derecho a la defensa y el debido proceso, desconociéndose los principios que deben regir tanto la regulación de la potestad sancionadora por parte del *ejecutivo-legislador* como la imposición de las sanciones administrativas de los órganos llamados a establecerlas.

Efectivamente, los regímenes jurídicos estudiados disponen que el administrado puede ser sancionado sin procedimiento sancionatorio previo y, por ende, sin que haya tenido posibilidad alguna de ejercer su defensa ni de alegar mediante pruebas si es o no verdaderamente responsable de los hechos ilícitos que de manera objetiva la Administración pública sanciona. Así, se observa lo siguiente:

a) La normativa de aeronáutica civil ordena que el procedimiento sancionatorio inicie con la notificación al administrado de una sanción impuesta por la Autoridad de Aeronáutica cuando se ha producido un hecho que *objetivamente* es violatorio de esa normativa y exista una suposición de quién ha sido el autor del hecho. Es decir, como consecuencia de dicha suposición, asumida unilateralmente por el órgano de control, se invita al administrado, mediante la apertura de un procedimiento, o bien a que reconozca tal responsabilidad admitiendo los hechos; o, en caso contrario, que pruebe su inocencia mediante la presentación de un escrito de descargos y defensas.

b) El régimen jurídico de contrataciones públicas vigente desde el año 2008 hasta el 2014, en similares términos que el Decreto Ley de Aeronáutica Civil, otorgó la potestad al Servicio Nacional de Contratistas de suspender e inhabilitar a los contratistas en virtud de la simple recepción de un informe negativo en torno a la ejecución del contrato emitido por el ente contratante, justificándose dicha potestad en la idea según la cual las sanciones son objetivas y accesorias y que el contratista ha ejercido su defensa en el procedimiento sancionatorio sustanciado por el órgano u ente contratante.

Es decir, con ocasión de una decisión negativa del ente contratante en torno a la ejecución del contrato, un órgano administrativo distinto puede imponer sanciones adicionales sin que el contratista exponga sus razones; y sin verificar que los hechos sobre los que se basa el informe se han producido en la realidad y son, efectivamente, responsabilidad del contratista.

c) La actual normativa de precios justos, igualmente, al prever erróneamente dos procedimientos sancionatorios distintos (el de inspección o fiscalización y el sancionatorio), dispone en el primero de ellos la competencia del órgano administrativo de control de imponer sanciones, denominadas "medidas preventivas", cuando "intuya" o "considere" que hay indicios de incumplimiento de la norma y sin que exista posibilidad alguna de defensa por parte de la persona investigada. Solo después de que le ha sido impuesta la sanción, el administrado puede, en el procedimiento denominado por el Decreto Ley sancionatorio, ejercer su derecho a la defensa.

4) Las implicaciones que se derivan de la previsión legal de las sanciones de "plano" es la eliminación total por parte del *ejecutivo-legislador* del derecho a la defensa y del debido proceso en los ámbitos que regulan las normas estudiadas y, por tanto, la violación de la norma constitucional de garantizar dichos derechos tanto por aquel que dicta la ley como por la Administración pública que se limita a ejecutarla. Como consecuencia de la actitud reiterada de afectar el derecho a la defensa de los particulares ante el ejercicio del poder sancionatorio, los elementos que configuran su garantía o bien se eliminan o se relativizan a tal punto que pierden su sentido y razón.

En efecto, sin el desarrollo de un procedimiento sancionatorio previo a la imposición de la sanción, resulta obvio que las instituciones y los principios que deben regir dicho procedimiento a los fines de garantizar la defensa del administrado no se producen en absoluto; es decir, no hay *notificación* del administrado, ni *acceso* de este *al expediente*, ni, muchos menos, la posibilidad de que aporte sus *alegatos y pruebas* para que su defensa sea *oída* por el órgano de control.

La imposición de sanción sin procedimiento previo atenta, asimismo, contra el principio de *presunción de inocencia* debido a que la Administración pública parte de la premisa de que el administrado es culpable: en vez de presumir su inocencia se infiere su culpabilidad, colocándolo en la situación de tener que desvirtuar tal presunción una vez que ha sido sancionado.

Lo anterior conlleva, del mismo modo, a que se *invierta la carga* de la prueba toda vez que se traslada en cabeza de quien ha sido precalificado como culpable la obligación de demostrar que no lo es, siendo que los principios del debido proceso y de la potestad sancionadora exigen lo contrario: que sea la Administración pública la que reúna y demuestre todos los elementos probatorios que la lleven a determinar con suficiente claridad y certeza la responsabilidad del sujeto a quien investiga.

5)   Lo que sí prevén las normas estudiadas es la posibilidad de que una vez impuesta la sanción sin el debido procedimiento, el administrado sea notificado de la misma por lo que, una vez declarado culpable, se le permite una defensa post sanción; en tal sentido, se prevé el llamado control posterior de legalidad de la sanción, pretendiendo el *ejecutivo-legislador* hacer creer que el derecho a la defensa está siendo debidamente garantizado lo cual es contrario a dicha garantía.

Ciertamente, defenderse ante una autoridad que parte de la premisa de que el administrado es culpable; obligar al sancionado a demostrar su inocencia cuando ya su esfera jurídica ha sido afectada como consecuencia de la sanción; pone al administrado en una situación de debilidad tal con respecto a la Administración que transforma la relación en un vínculo desproporcionado de absoluta sumisión, en el cual habrá muy pocas probabilidades de que el administrado ejerza su defensa y, en caso de que lo haga y eventualmente salga victorioso, pueda verse apropiadamente resarcido de los daños a los que se ha visto sometido.

6)   Del mismo modo, y pareciera que con el objetivo de hacer creer que el administrado investigado se encuentra en pleno ejercicio de sus derechos, el *ejecutivo-legislador* regula la institución de la *notificación;* sin embargo, ello se hace en unos términos tales que la misma pierde su sentido por no cumplir con el objetivo esencial que es permitirle al administrado el ejercicio de su derecho a la defensa antes de que se le impute una sanción.

Así, por ejemplo, en el Decreto Ley de Precios Justos se prevé la notificación del administrado del procedimiento de inspección, pero, por otra parte, se señala que el funcionario inspector podrá hacer su labor de fiscalización o inspección e imponer las medidas sancionatorias, independientemente de que el interesado se encuentre o no notificado.

Dicho claramente la notificación se nos presenta como un elemento ornamental. En efecto, el procedimiento de inspección del Decreto Ley de Precios Justos cumple con una sola de sus finalidades: disponer las competencias y atribuciones de la Administración pública mediante la regulación amplia del ejercicio del poder, sin resguardar los derechos de quienes están sometidos a ese poder.

7) El ejercicio de la potestad sancionadora de la Administración pública debe ser normativizada respondiendo a un conjunto de principios constitucionales dirigidos a proteger los derechos y las libertades de los ciudadanos ante la eventual acción arbitraria del poder. Tales principios han sido conculcados en las normativas objeto del presente trabajo:

a) Con respecto al *principio de legalidad sancionatorio* se puede decir que, de las tres normas estudiadas, el Decreto Ley de Precios Justos viola abiertamente este principio cuando prevé una norma en blanco en el numeral 6 del artículo 70, que hace una remisión general al reglamentista para que imponga todas las medidas preventivas "que sean necesarias para proteger los derechos de las ciudadanas y ciudadanos protegidos por este Decreto con Rango, Valor y Fuerza de Ley Orgánica".

Las normas en blanco contradicen el principio de legalidad sancionatorio el cual exige, por una parte, que las conductas infractoras (tipicidad) y sus correspondientes sanciones (taxatividad) estén previamente establecidas en la ley (principio de tipicidad); y, por otra, que sea la ley, entendida formalmente, la que establezca las infracciones y sus sanciones, siendo que la colaboración reglamentaria es posible siempre que se cumplan con determinados requisitos (reserva legal).

La amplitud de la norma al otorgarle al órgano de control la potestad de que imponga medidas sancionatorias que estime necesarias y de forma discrecional, en el transcurso, además, de un procedimiento en el que se impide el ejercicio del derecho a la defensa del administrado, producen dos resultados que aumentan la indefensión del ciudadano ante el poder de la Administración pública: i) una, la imposibilidad de que conozca con antelación las consecuencias jurídicas que generarían eventuales comportamientos ilegales; y, por otra parte, ii) la ampliación sin limitación del ejercicio de la potestad sancionadora de la Administración pública.

b) Otro principio que se viola con las normativas analizadas es el relativo al *principio de culpabilidad*, cuyo contenido exige que la conducta de un sujeto que genere la violación de la norma sea causada efectivamente por la persona a la que se le atribuye dicha conducta; y, además, que tal conducta haya sido realizada en el ejercicio libre de sus facultades y capacidades, por tanto, que haya sido ejecutada voluntariamente. Esta violación resulta clara de la previsión de imponer sanciones sin procedimiento previo porque significa que lo que se juzga no es la voluntad del sujeto de infringirla, *sino el hecho objetivo* de que se ha producido una infracción, independientemente de que haya o no culpa o dolo. Es decir, poco importa si el sancionado es responsable sino el hecho mismo de la violación de la ley.

c) Igualmente, por los razonamientos suficientemente explicados y por el establecimiento de la responsabilidad objetiva, se irrespeta el *principio de presunción de inocencia*. Ello resulta del hecho de que al concebirse la imposición de sanciones sin procedimiento el órgano administrativo parte de la presunción de culpabilidad del administrado.

d) Finalmente, llama la atención que ninguna de las normas referidas establezca un dispositivo concreto en el que se disponga la *prescripción* de la potestad sancionadora por parte de los órganos de control.

8) Los principios que debe respetar el ejecutivo cuando regula las sanciones administrativas son violados concretamente en el Decreto Ley de Precios Justos.

a) En efecto, la previsión de normas en blanco en las que se le atribuyen al órgano administrativo la libertad de imponer todas aquellas sanciones que considere oportunas para lograr los fines de la ley viola el *principio de taxatividad* que se deriva del principio de legalidad administrativa y que está dirigido a prohibir a la Administración pública la posibilidad de que imponga sanciones que no estén previamente establecidas en la ley.

b) Asimismo, el Decreto Ley de Precios Justos atenta contra el *principio de intransmisibilidad de las obligaciones derivadas de las sanciones* en virtud del cual solamente es factible sancionar aquel que ha cometido la falta o infracción; la violación a este principio aparece cuando con la reforma de noviembre del 2015 expresa que la responsabilidad penal es tanto de los socios, administradores o directivos de las personas jurídicas que hayan aprobado los hechos imputados, y la extiende a los medios de comunicación social, publicidad y páginas web que le presten servicios de publicidad a las empresas infractoras.

c) En cuanto al *principio de proporcionalidad* que debe ser tomado en cuenta tanto por el *ejecutivo-legislador* cuando regula las sanciones como por el órgano administrativo cuando las impone, el Decreto Ley de Precios Justos lo contraría al disponer la acumulación de sanciones de multa, inhabilitación o suspensión de los permisos y además la pena de prisión por un número de años sumamente alto, equiparando por la gravedad de las penas los delitos económicos a los delitos penales.

9) A partir de 1999, bajo la idea de satisfacer intereses generales, la tendencia del *ejecutivo-legislador* ha sido la de debilitar sostenida y progresivamente la protección del derecho a la defensa de los administrados ante la Administración pública y aumentar el poder sancionatorio de esta, desplazando las premisas y principios que rigen esa delicada relación que, en el marco de un Estado social y democrático de derecho, debe buscarse entre el ejercicio del poder y el respeto de los derechos y libertades ciudadanas.

10) Del estudio de las sentencias del Tribunal Supremo de Justicia que han resuelto las impugnaciones contra las sanciones de "plano" impuestas con ocasión de las normas que se han revisado en las página precedentes, el referido órgano jurisdiccional las ha justificado contrariando su propia jurisprudencia en materia del debido proceso y del derecho a la defensa, al declarar improcedente las impugnaciones que al respecto han realizado los administrados afectados, en franca violación del artículo 49 de la Constitución.

Con argumentos no fundamentados y violatorios de la Constitución, el Tribunal Supremo de Justicia, contrariamente a lo que le exige su obligación de controlar la constitucionalidad del ejercicio de la potestad legislativa y administrativa del Estado, de acuerdo a lo que imponen los artículos 259 y 266 constitucionales, a los fines de garantizar los derechos consagrados en el artículo 49 constitucional y evitar así la arbitrariedad del ejercicio del Poder Público, toma posición a favor del poder justificando lo injustificable, dándole la espalda a los principios constitucionales que rigen el Estado de derecho dirigidos a proteger las libertades de los ciudadanos, que se ven así desasistidos y sin posibilidad alguna de que sus derechos fundamentales sean protegidos y restablecidos por el Máximo Órgano de nuestro sistema judicial. En efecto:

a) En el caso del artículo 119 del Decreto Ley de Aeronáutica Civil, la Sala Político Administrativa, contrariando lo señalado por la Sala Constitucional, cambia su criterio en torno a la inconstitucionalidad de dicha disposición cuando en el año 2008 afirma, mediante la sentencia N° 2007-0872 de fecha 5 de agosto de 2008, que al administrado se le garantiza su derecho a la defensa a partir del momento en que se le notifica la imposición de la sanción.

b) Las sentencias dictadas por la Sala Político Administrativa del Tribunal Supremo de Justicia con ocasión del Decreto Ley de Contrataciones Públicas vigente desde el año 2008 hasta el 2014, afirman de manera reiterada que no hay violación del derecho a la defensa por aplicación del artículo 139 de dicha ley, toda vez que el legislador le atribuye al Servicio Nacional de Contrataciones la competencia de suspender e inhabilitar a los contratistas sin necesidad de sustanciar procedimiento previo alguno, por cuanto se trata de sanciones accesorias y objetivas que se imponen como consecuencia de un procedimiento sancionatorio que sustancia el ente u órgano contratante, en el transcurso del cual, el contratista tiene la oportunidad de ejercer cabalmente su derecho a la defensa.

c) En lo que se refiere al control de constitucionalidad del Decreto Ley de Precios Justos se observa que tanto la Sala Constitucional como la Sala Político Administrativa asumen de manera evidente una posición de total parcialidad a favor de la Administración pública en contra de los derechos constitucionales de los ciudadanos.

La Sala Constitucional omite cualquier pronunciamiento en relación con los dos recursos de inconstitucionalidad interpuestos contra el Decreto Ley de Precios Justos; y en cuanto a la constitucionalidad de las medidas preventivas a imponerse en el procedimiento de inspección, la Sala Político Administrativa insiste en el hecho de que como quiera que los fines que persigue la ley son la seguridad alimentaria y el derecho a la vida de la colectividad, se justifica la imposición de las medidas preventivas cuya legalidad podrá ser con-

trolada posteriormente en el procedimiento sancionatorio, por lo que justifica el control posterior de las
sanciones.

11) Lo que se ha realizado en la presente investigación es el
análisis jurídico de una situación que se está produciendo
en la realidad jurídica venezolana, como lo es el debilitamiento progresivo del derecho a la defensa y del debido
proceso, producto de la actuación de los poderes públicos
que conforman la estructura del Estado venezolano.

La anterior y gravísima situación procede de un conjunto
de rasgos que caracterizan las normativas que han sido objeto de análisis, así como del comportamiento sostenido del
Estado venezolano en contra del derecho a la defensa de
los administrados en sus relaciones jurídicas derivadas de
la potestad sancionadora administrativa. Tales rasgos defi-
nitorios son los siguientes:

a) Las normas examinadas y sus sucesivas reformas han
sido dictadas por el Ejecutivo en la mayoría de los casos en virtud de Leyes Habilitantes, elemento a tomar
en cuenta debido a que se desprende de las mismas un
aumento progresivo del poder sancionatorio de la
Administración pública, en contradicción con los derechos constitucionales consagrados en el artículo 49
constitucional.

b) Las normas señaladas han sido objeto de constantes reformas lo que genera inseguridad jurídica para los sujetos a los cuales se les aplica.

c) La incorporación indiscriminada de conceptos jurídicos indeterminados en los regímenes jurídicos estudiados, hace que la interpretación que realizan los órganos administrativos llamados a aplicarlos, esté su-
peditada a la ideología política del funcionario de
turno, así como a sus apreciaciones subjetivas.

d) La regulación de procedimientos sancionatorios investigados no cumplen con los principios que los deben regir, por lo que atentan de forma evidente con el derecho constitucional al debido proceso y a la defensa.

e) Las normas, especialmente la de contrataciones públicas y la de precios justos, parten de la premisa de que los administrados son culpables. Baste revisar las exposiciones de motivos que anteceden al articulado de cada una de ellas.

f) En el proceso continuo de reformas a las que han estado sometidas la normativa revisada, el *ejecutivo-legislador* ha aumentado las medidas sancionatorias supuestamente "preventivas".

h) La previsión legal de las sanciones de "plano" y la justificación por parte del Tribunal Supremo de Justicia de que las mismas son constitucionales incorporando la tesis de la "responsabilidad objetiva".

i) La disposición innegable del Tribunal Supremo de Justicia de proteger a la Administración pública en su análisis de la constitucionalidad de las leyes sometidas a su revisión y en la verificación de constitucionalidad de las actuaciones de aquella.

k) En definitiva, un sostenido debilitamiento, a partir de la entrada en vigencia de la Constitución de 1999, del derecho a la defensa y del debido proceso consagrados constitucionalmente como inviolables y absolutos por parte de los poderes públicos del Estado venezolano.

ÍNDICE

CAPÍTULO II

RECEPCIÓN DEL DERECHO A LA DEFENSA EN EL PROCEDIMIENTO SANCIONATORIO VENEZOLANO. ANÁLISIS DE ALGUNAS LEYES RECIENTES

www.ingramcontent.com/pod-product-compliance
Lightning Source LLC
Chambersburg PA
CBHW021555210326
41599CB00010B/447